AF639375

Elke Kirchner

Weibliche Urkraft leben

Intuition, Selbstermächtigung und Heilung auf dem Pfad der weisen Frauen

Schirner Verlag

Die Ratschläge in diesem Buch sind sorgfältig erwogen und geprüft. Sie bieten jedoch keinen Ersatz für kompetenten medizinischen Rat. Alle Angaben in diesem Buch erfolgen daher ohne Gewährleistung oder Garantie seitens der Autorin oder des Verlages. Eine Haftung der Autorin bzw. des Verlages und seiner Beauftragten für Personen-, Sach- und Vermögensschäden ist ausgeschlossen.

Wir verzichten auf das Einschweißen unserer Bücher – **UNSERER UMWELT ZULIEBE!**

ISBN Printausgabe: 978-3-8434-1461-6
ISBN E-Book: 978-3-8434-6455-0

Elke Kirchner:
Weibliche Urkraft leben
Intuition, Selbstermächtigung und Heilung auf dem Pfad der weisen Frauen
© 2021 Schirner Verlag, Darmstadt

Umschlag: Elena Lebsack, Schirner, unter Verwendung von #1581107248 (© Kira_Yan), www.shutterstock.com, und einem Mandala von Regina Rauh, www.regina-rauh.de
Layout: Elena Lebsack & Simone Fleck, Schirner
Lektorat: Elke Truckses, Schirner
Printed by: Ren Medien GmbH, Germany

www.schirner.com

2. Auflage November 2024

Alle Rechte der Verbreitung, auch durch Funk, Fernsehen und sonstige Kommunikationsmittel, fotomechanische oder vertonte Wiedergabe sowie des auszugsweisen Nachdrucks vorbehalten

Inhalt

Einleitung 5

Zu diesem Buch 5

Die Neue Zeit 10

Neue Heilungswege und Heilreisen 12

Rituale ebnen den Weg 15

Du trägst die urweibliche Weisheit in dir ... 19

Wie innen, so außen – die Welt ist dein Spiegel 19

Du bist mehr, als du denkst 28

Verbinde dich mit der Kraft deiner Ahnen 34

Selbstermächtigung – Erwecke dein Potenzial 42

Die Essenz der weiblichen Urkraft 49

Öffne dich für die Macht der Liebe 49

Spüre das Wesen der weiblichen Urkraft und ihre Unterstützung 60

Erkenne die weibliche Urkraft in Mutter Erde 69

Die weibliche Kraft hilft dir, Seelenbotschaften zu empfangen 75

Der innere Heilungsweg 85

Lasse Glaubenssätze los, und erlöse die Vergangenheit 85

Vergib und verzeihe anderen, und befreie dich dadurch selbst 92

Dankbarkeit führt dich zu innerer Freiheit und Heilung 99

Höre auf deine Bedürfnisse,
und übe dich in Selbstfürsorge 106
Sei du selbst die Liebe deines Lebens 114

Der äußere Heilungsweg 123

Finde deinen Platz im Kreis der Frauen 123
Der urweibliche Weg in deiner Partnerschaft 132
Deine Unterstützung für einen lichtvollen Alltag 141
Dein Körper ist dein Tempel 148

Die weibliche Urkraft fließt durch dich in diese Welt 157

Mit Sanftmut kannst du die Zukunft positiv verändern ... 157
Deine Kunst, heilsam zu lieben 166
Deine Hingabe an die Intuition 175
Lebe und liebe deine Führungskraft 181

Danksagung 189

Über die Autorin 190

Weitere Veröffentlichungen 191
Bildnachweis 192

Einleitung

Die Inspiration zu diesem Buch hat mir meine zauberhafte Nichte Anna Maria geschenkt. Sie ist eine liebevolle Mutter von drei Kindern, Ärztin und lebt in einer glücklichen Beziehung auf Augenhöhe mit ihrem wundervollen Mann.
Möge die urweibliche Kraft ihr zugänglich werden, damit sie sich selbst über die Fürsorge für andere nicht vergisst.
Mögen wir alle erkennen, dass es eine Quelle in uns gibt, die uns verbindet, nährt und liebt.

Zu diesem Buch

In unserem Alltag begegnen uns die unterschiedlichsten Herausforderungen, und neben der Arbeit tragen wir oft die Fürsorge für andere Menschen in unserem Leben. Immer häufiger gibt es dann diese Momente, in denen wir das Gefühl haben, ausgebrannt zu sein und nicht mehr zu können. Wir geben aus uns heraus, geben von unserer Energie, die in unserem Körper aber nur begrenzt vorhanden ist.
Es ist an der Zeit, dass du dich daran erinnerst, wer du wirklich bist und welche feinstofflichen Energien dir zur Verfügung stehen. Erinnere dich an Momente des Glücks, in denen du das Gefühl hattest, deine Energie und Kraft seien grenzenlos. Diese Momente gab es für jeden von uns, auch wenn diese schon sehr lange her sind. Es waren die Momente, in denen du über dein Glück die Verbindung zu deinem Herzen und zu höheren Ebenen zugelassen hast. Dieses Buch leitet dich an, dich daran zu erinnern, welche schöpferische Kraft

darauf wartet, dich zu lieben, zu nähren, zu behüten, zu unterstützen und zu ermächtigen.

In uns allen fließt eine nimmer endende Quelle der Liebe, der Kraft und der Güte – es ist die Quelle der Weiblichkeit. Das göttliche weibliche Prinzip in uns, das uns nähren, behüten, stärken und lieben will. Seit Anbeginn unserer Zeit steht uns dieser liebende, kraftvolle Strom zur Verfügung. Öffnen wir uns ihm, wird unser Leben in allen Bereichen leichter, liebevoller und glücklicher. Jeder von uns trägt diesen Schatz in sich. Wir finden ihn in der Stille, in der Freude und in der Entspannung, und er hilft uns, ein inspiriertes, glückliches, friedvolles Leben zu leben, voller Wachstum, Heilung und Verbundenheit.

Ich schreibe dieses Buch für die jungen Mütter und Väter, die ihren Alltag meistern, der oft so voll ist, dass sie sich selbst vergessen, da ihre Kraft aufgebraucht ist. Euch möchte ich diese Kraftquelle bewusst machen, damit sie euch nähren kann.
Ich schreibe dieses Buch für die Frauen und Männer im Wandel ihres Lebens, die große Veränderungen durchmachen, im Außen wie im Innen. Ihr müsst diesen Wandel nicht allein meistern. Es gibt die liebende Quelle auch in euch, und sie stärkt euch, hält und unterstützt euch, wenn ihr es zulasst.
Ich schreibe dieses Buch für die spirituellen Pioniere, denen bewusst ist, dass es einen besseren Weg gibt. Die weibliche Urkraft ist in euren Herzen. Sucht nicht im Außen nach ihr, sie ist in euch, und kein Anliegen ist zu banal, zu klein oder nicht spirituell genug – ihre Hilfe ist euch gewiss, denn der Himmel möchte, dass ihr glücklich seid.
Ich schreibe dieses Buch für alle Menschen, die ein Leben in liebevoller Verbundenheit, Geborgenheit und in Freundschaft leben

möchten. Die liebende Kraft ist immer bei euch, ihr könnt diese Tür in euch jederzeit öffnen.
Seit Jahrtausenden herrschte das männliche Prinzip vor und wird bis heute gelehrt und gelebt. Jetzt ist es an der Zeit, das weibliche Prinzip in seiner Ebenbürtigkeit zu erkennen, zu erheben und zu leben. Das weibliche und das männliche Prinzip sind gleich wertvoll, und wir brauchen beide Essenzen, um ein glückliches Leben zu führen. Aus beiden Essenzen sind wir erschaffen worden – nun liegt es an uns, uns in dieser Ganzheit wertzuschätzen und zu erfahren.

Dieses Buch gibt uns die Möglichkeit, alte Überzeugungen und Glaubenssätze loszulassen und innere Verletzungen und Herzensbrüche zu heilen, die uns den Weg zu der weiblichen Urkraft versperren können. Die meisten von uns wurden von der Überzeugung geprägt, dass es entweder einen strafenden Gott gibt oder gar keinen. Die Schöpfung als weibliches Prinzip war keine Option. Jetzt bekommst du die Möglichkeit, die alten Überzeugungen zu wandeln. Du darfst dich als schöpferisches Wesen erkennen und die Liebe des Himmels zulassen. In vielen meiner Seminare konnte ich bereits miterleben, wie die Verbindung mit der Urkraft des Weiblichen Heilung, Liebe, Wunder und Glück in das Leben meiner Teilnehmer brachte.
Wir befinden uns in der sogenannten Neuen Zeit, die sich durch Energieerhöhungen auszeichnet, die unser Bewusstsein erweitert und uns besser erkennen lässt, dass wir ein Teil der liebenden Schöpfung sind. Sie ermächtigt jeden von uns, unsere göttliche Kraft wahrzunehmen und zu leben.
Häufig haben wir vergessen, wie behütet wir sind, in einer Welt, die immer wieder Materie und Macht über die Liebe stellt. Doch was macht uns glücklich? Welche Momente erfüllen uns und lassen uns

entspannt in Harmonie schwingen? Es sind die Momente, in denen wir mit uns selbst, mit anderen Menschen, mit der Natur und mit der Quelle der Liebe in uns verbunden sind. Wir sind ein Teil der göttlichen Schöpferkraft. Wir sind in Liebe aus Liebe erschaffen worden, von unseren göttlichen Eltern. Wir sind so viel mehr als das, was wir von uns wahrnehmen und glauben. Es ist Zeit, die Tür zu unserem wahren Bewusstsein zu öffnen. Glücklich zu sein, ist unser Geburtsrecht, und dafür bekommen wir die unendliche Unterstützung aus den lichten, kraftvollen und liebenden Ebenen.

Dieses Buch leitet dich an, der Essenz des Urweiblichen in dir und deinem Herzen zu begegnen und dich heilsam von ihr berühren zu lassen. Öffne dich für ihre liebende Kraft, nimm ihre Unterstützung an, und fühle, dass du niemals allein bist. Dadurch wird das Leben leichter, liebevoller und befreiter.

Mit der Unterstützung der weiblichen Urkraft kannst du alte Überzeugungen, Schocks und Traumata loslassen und Gefühle von Minderwertigkeit auflösen, damit Selbstliebe und Selbstwert Platz in dir einnehmen. Zudem erfährst du, dass Heilung, Selbstliebe und Selbstermächtigung unsere Welt segnen.
Ich gebe dir in diesem Buch Rituale, mentale Heilreisen und Affirmationen(»Worte der weiblichen Urkraft«) an die Hand, mit denen du dich täglich für die Essenz der weiblichen Urkraft in dir öffnen kannst – für all ihre Liebe, Güte, Kraft und Heilung, die sich nach und nach in dir manifestieren.

Gib dir die Zeit, die du brauchst, ohne dich zu hetzen oder zu beurteilen. Das weibliche Prinzip wächst und gestaltet sich aus der Entspannung heraus. Nimm dieses Buch als liebenden Begleiter, der dich daran erinnert, welches Potenzial in dir gelebt werden möchte. In deiner Zeit, in deinem Tempo. Du bist richtig, genau so, wie du bist.

Elke Kirchner

Die Neue Zeit

In allen spirituellen Weisheitslehren wird die jetzige Zeit als eine besondere beschrieben. Wir können sie auch eine Zeit des Wandels nennen, denn sie bringt hoch schwingende Energien, die unser spirituelles Bewusstsein erhöhen und entwickeln. Diese Schwingungserhöhung hat zur Folge, dass alles, was keine Liebe ist, aus unserem Unterbewussten aufsteigt und gewandelt wird. In jedem Einzelnen von uns und auf unserem gesamten Planeten. Wir sind auf dem Weg, eine liebende und verbundene Gemeinschaft zu werden. Ja, ich weiß, es zeigt sich zurzeit oft ein anderes Bild – es ist die Reinigung. Wir werden mit Ängsten konfrontiert, die so auch in unserem Inneren existieren. Wenn wir die Welt als Spiegel betrachten und erkennen, dass alles, was im Außen geschieht, auch in uns geschieht, können wir alle Herausforderungen unseres Lebens im besten Fall als Lernaufgaben erfahren. Sie können uns in unserer Entwicklung als Mensch weiterbringen.

Sehen wir die Welt mit diesen Augen, hat es zur Folge, dass durch jede Heilung, die in uns geschieht, auch die Welt ein Stück geheilt wird. Die Sichtweise, dass die Welt unser Spiegel ist, ist nicht neu, neu sind die hohen Energien, die uns begleiten. Sie entwickeln unser spirituelles Bewusstsein, unterstützen uns dabei, uns als göttliche Wesen wahrzunehmen, und erinnern uns an die göttliche weibliche Urkraft in uns.

Egal, ob wir Mann oder Frau sind, diese Quelle speist uns immerzu mit ihrem unfassbaren, liebenden, gütigen und kraftvollen Fluss. Sie tröstet, sie schenkt Geborgenheit und unterstützt uns mit ihren Kräften bei all unseren Projekten, die wir in Liebe wählen und die zum Wohle aller sind.

Die Neue Zeit geht aus dem »Ich« ins »Wir«. Gemeinsam vollziehen wir diesen Wandel. Alles, was unseren Weg zum liebevollen »Wir« stärkt und unterstützt, wird von der weiblichen Essenz besonders genährt. **Die Neue Zeit geht aus dem Egoismus in die Verbundenheit.** Unsere Gesellschaft und die ganze Erdbevölkerung ist jetzt dabei, gemeinsam in eine Zeit der Harmonie und Verbundenheit zu gehen. Und wir sind ein Teil davon. Wir sind die Menschen der Neuen Zeit, wir sind die Veränderung, und wir werden unendlich von hohen Ebenen unterstützt.

Neue Heilungswege und Heilreisen

Die hohen Schwingungen der Neuen Zeit ermöglichen uns, in unserem ganzheitlichen System, in unserem ganzen Sein, in Liebe und Verbundenheit Heilung zu erfahren. Die höheren Schwingungen zeigen uns, dass wir Probleme aus der Vergangenheit wie Herzensbrüche, Schocks, Traumata im Hier und Jetzt mit energetischer Hilfe der Geistigen Welt heilsam berühren können. **Wir können aus den Wunden der Vergangenheit Wunder der Heilung, der Kraft und der Liebe werden lassen.** Dafür braucht es unsere Überzeugung und den Glauben daran, dass wir vollkommen verantwortlich für unser Leben mit all seinen Ereignissen sind. Für unsere Erfahrungen, für unser Leben, für unseren Lebensweg die vollkommene Verantwortung zu übernehmen, ermächtigt uns. Wir können uns dadurch als das schöpferische, geistige Wesen erfahren, das wir sind.

Ich bin davon überzeugt, dass wir uns unsere Eltern ausgewählt haben, damit unsere Seele die Erfahrungen machen kann, die sie braucht, um zu wachsen, sich zu entwickeln und noch lichtvoller und kraftvoller zu werden. Ich weiß auch, dass es in aufgabenreichen Zeiten, in denen es uns scheinbar den Boden unter den Füßen wegzieht, schwer annehmbar ist, dass wir schöpferische Wesen sind, die diese Situation selbst kreiert haben. Ich selbst habe erlebt, wie mein Liebster, mein Seelengefährte, mein Mann, seinen Körper verlassen hat und ins Licht gegangen ist. Es gab Anteile in mir, die Gott, der Göttin, mir selbst und anderen die Schuld dafür geben wollten. Mein Schmerz war erst zu groß. Doch als ich die Situation angenommen habe und akzeptieren konnte, dass meine Seele diese Erfahrung machen wollte, konnte ich trauern – und zugleich glücklich sein. Und dankbar für 21 Jahre voller Glück, Liebe und Abenteuer, für die wir uns in diesem Leben verabredet hatten.

Was auch immer in deinem Leben geschieht,
welche Situation sich zeigt, was du erlebst und erlebt hast,
all das hat deine Seele kreiert, um zu lernen.

Deine Seele möchte in vollkommener Harmonie leben. Und gibt es Situationen aus deiner Vergangenheit, mit denen du nicht im Frieden bist, befinden sich diese als energetische Disharmonien in dir. **Deine Seele ist daher bestrebt, dich auf diese disharmonischen Ereignisse aus der Vergangenheit aufmerksam zu machen, indem sie dir ähnliche Situationen mit der gleichen Lernaufgabe immer wieder präsentiert.** Die Trauer um meinen Mann hat zusätzlich alte Trauer, die in mir war, aktiviert und verstärkt. Sie hat mich tief in meine Kindheit geführt, in die Situation, als mein Vater uns verlassen hat. Mit der Hilfe des Himmels habe ich die Trauer meiner Kindheit losgelassen, und dadurch wurde die Trauer um meinen Mann sehr viel leichter.

Mit den meditativen Heilreisen dieses Buches kannst du Herzensbrüche, Schocks und Traumata aus der Vergangenheit heilsam berühren, disharmonische Erlebnisse aus deiner Kindheit harmonisieren sowie negative Gefühle transformieren und auflösen.

Du kannst in einem geschützten Raum in deine Vergangenheit reisen und mithilfe deiner Weisheit und dem liebenden Fluss des Urweiblichen auf allen Ebenen Heilung erfahren. Deine Seele setzt bei diesen inneren Reisen heilsame Kraft frei, und dein Leben wird mit Frieden, Glück und Liebe erfüllt.

Nimm das Zepter wieder selbst in die Hand. Erfahre dich als schöpferisches Wesen, und schreibe du das Drehbuch deines Lebens.

Du kannst dir die Heilreisen auf dein Handy sprechen und sie als Meditation hören oder sie auch Stück für Stück lesen und schrittweise vorgehen. Oder du lässt sie dir von Freunden oder jemandem, mit dem du gemeinsam diese Reisen machen möchtest, vorlesen.

Rituale ebnen den Weg

Rituale sind heilige Handlungen und ein Weg, die himmlische Kraft auf die Erde zu holen. Du kreierst dir in einem Ritual einen heiligen Raum, in dem du Wesen höherer Ebenen begegnen wirst. Deine Intention ist dabei das Wichtigste, sie füllt den Energieraum des Rituals. Sei dir der Absicht deiner geistigen Haltung vollkommen bewusst. Welche Wirkung und Auswirkung soll dieses Ritual in deinem Leben haben? Die Geistige Welt, auch die feinstoffliche Welt genannt, wird dich unterstützen, wenn du das Ritual zu deinem Wohle und zum Wohle aller Beteiligten zelebrierst.

Rufe bei jedem Ritual als Erstes dein Höheres Selbst an.
Es ist der Teil von dir, der weiß, dass du ein lichtvolles,
schöpferisches Wesen bist, und bitte es,
dich durch das Ritual zu leiten.

Lasse dir ruhig Zeit, mit diesem Teil von dir in Kontakt zu kommen. Wenn du dein Höheres Selbst um Hilfe bittest, ist dir seine Hilfe gewiss, egal, ob du es wahrnimmst oder nicht.

Der zweite Schritt eines Rituals kann die Reinigung sein. Die Reinigung dient dazu, belastende Energien, die wir im Alltag aufgenommen oder entwickelt haben, loszulassen. Wir sind hoch energetische Wesen. Eine energetische Reinigung ist sehr wirkungsvoll, sie erreicht unser ganzes Energiefeld inklusive unserem Körper.

Das Reinigen mit Weißem Salbei

Du benötigst dafür:

- Weißen Salbei
- 1 Muschelschale oder 1 kleinen feuerfesten Teller
- 1 Feuerzeug
- eventuell 1 Feder

Zünde den Weißen Salbei in der Muschelschale beziehungsweise auf dem feuerfesten Teller an. Lasse ihn ein wenig brennen, und puste ihn dann wieder aus, sodass sich Rauch entwickelt. Diesen Rauch, der sehr reinigend wirkt, fächerst du mit einer Feder oder mit deinen Händen in deine Aura. Deine Aura ist das Energiefeld, das dich umgibt. Fächere diesen Rauch auch auf deinen Ritualplatz – so bereitest du dein Ritual vor.

Das Reinigen mit einer Räuchermischung

Du benötigst dafür:

- 1 Räuchermischung
- Räucherkohle
- 1 Räuchergefäß oder 1 feuerfeste Schale mit Sand
- 1 kleine Klammer oder Zange
- 1 Feuerzeug
- eventuell 1 Feder

Es gibt viele unterschiedliche Räuchermischungen, die eine reinigende Wirkung haben. Suche dir die Mischung aus, die dir am besten gefällt und die zu deinem Ritual passt.
Halte die Räucherkohle mit der Klammer oder Zange, und zünde sie an. Warte, bis sie etwas durchgeglüht ist, und lege sie dann auf das Gitter deines Räuchergefäßes oder auf den Sand in der feuerfesten Schale. Nun nimm ein wenig von der Räuchermischung,

und streue sie auf die glühende Kohle. Den aufsteigenden Rauch fächere dir in dein Energiefeld und auf deinen Meditationsplatz, den du so auf dein Ritual vorbereitest. Du kannst zum Fächern eine Feder verwenden, oder du nimmst deine Hände.

Während der Rituale in diesem Buch wirst du angeleitet, aus Steinen (es können Kieselsteine sein oder Steine, die du am Strand gesammelt hast, oder Halbedelsteine wie Bergkristalle, Rosenquarze oder Amethyste), Rosenblättern (die Rose ist ein Symbol für das urweibliche Prinzip) oder einem Wollfaden Schutzkreise zu bilden. Dazu ist es notwendig, die einzelnen Komponenten zuerst zu energetisieren. Stelle dir vor, dass aus deinem Herzen in deine Hand weißes Licht bis in deine Fingerspitzen fließt. Und mit diesem Licht verbindest du die einzelnen Gegenstände zu einem Energiekreis. Die Kreise bieten dir während der Rituale einen geschützten Raum, in dem du aus höheren Ebenen Unterstützung und Energie empfangen kannst.

Du trägst die urweibliche Weisheit in dir

Öffne dich neuen Sichtweisen, und nimm sie mit deinem Herzen wahr! Dann zeigen sich dir Wege zu der dir innewohnenden Weisheit. Lasse dich vom Urweiblichen führen. Deine innere Erkenntnis wird dir offenbaren, welch schöpferisches Wesen du bist. Die folgenden Kapitel bieten dir Werkzeuge, mit denen du dein Leben auf eine neue, glücklichere, friedvollere und liebevollere Ebene hebst.

Wie innen, so außen – die Welt ist dein Spiegel

Viele mystische Weisheitslehren gehen davon aus, dass die Welt im Außen der Spiegel für unser Inneres ist. Das bedeutet, alles, was in deinem Inneren ist, alle Emotionen und Gefühle, spiegeln sich in deiner äußeren Welt durch Menschen, Situationen und die Natur wider. Ich teile diese Überzeugung auch, denn ich habe in meinem Leben entsprechende Erfahrungen gemacht.
Doch welchen Sinn hat das alles? Es ist sehr sinnreich, denn du kannst, wenn du wachsam bist und dieser Sichtweise vertraust, dein Innenleben, deine Psyche, dein ganzes Sein im Außen erkennen. Und dadurch wird es dir möglich, Blockaden, Hürden und Disharmonien aufzudecken und zu wandeln.

Die urweibliche Kraft in dir, die voller Weisheit, Liebe und Urvertrauen ist, weiß, dass alles in deinem Leben einen Sinn hat. Und wenn du dich mit ihr verbindest, den tiefen Frieden in dir erfährst und dein Urvertrauen stärkst, kannst du zum Schöpfer deines Lebens werden.

Beispiel: Eine meiner besten Freundinnen kündigte mir die Freundschaft, nachdem wir in Indien waren und dort eine sehr intensive Zeit miteinander verbracht hatten. Ich war sehr verletzt und fühlte mich zurückgewiesen und ausgestoßen. Ich fragte mich daraufhin, ob ich in meinem Leben schon einmal eine solch intensive Erfahrung gemacht hatte, die ich noch nicht verarbeitet hatte. Und dann erinnerte ich mich an eine Situation in meiner Kindheit, die genau dieselben Gefühle in mir hervorgebracht hatte. Ich bekam also durch diese erst einmal sehr negative Erfahrungen mit meiner Freundin die Möglichkeit, ganz tief in mir eine Verletzung zu heilen. Meine Seele rief diese Situation hervor, damit ich sie verarbeiten konnte.

Schmerzhafte Situationen, die wir nicht heilen, die wir vergessen oder verdrängen, schlummern in unserem Unterbewusstsein und wirken im Heute. Sie zeigen sich durch starke Emotionen, wenn wir ähnliche Situationen in der jetzigen Zeit erleben, und verstärken jegliche negativen Emotionen zusätzlich. Das heißt, der Schmerz, der sich jetzt entwickelt, dockt an den alten Schmerz an, und wir fühlen beides, das Alte und das Neue.
Weil meine Freundin mich ablehnte, kamen aus meinem Unterbewusstsein all die Schmerzen hoch, die ich durch die Ablehnung in meiner Kindheit erfahren hatte, und verstärkten meine aktuellen Gefühle. Dadurch bekam ich die Möglichkeit, die alten negativen Erfahrungen zu verarbeiten und zu harmonisieren. Das wiede-

rum hatte zur Folge, dass ich mich in meinem Leben befreit fühlte. Denn alle negativen Emotionen, Verletzungen und Gefühle, die wir im Unterbewusstsein gespeichert haben, halten uns davon ab, im Heute ein glückliches und freies Leben zu führen.

Wenn du mit einer positiven Energie durch das Leben gehst und liebevoll mit dir und anderen Menschen umgehst, dann bekommst du Positives zurück. Begegnet dir ein Mensch mit negativer Energie, dann könntest du dich fragen, in welcher Situation du negativ denkst oder wo du andere oder dich negativ beurteilt hast. Du erkennst die Welt als Spiegel. Bist du verunsichert, fehlt dir der Selbstwert, das werden dir die Menschen in deinem Umfeld spiegeln.

Deine Seele wird Situationen kreieren,
in denen du Erlebnisse erfährst, die dieses Gefühl verstärken,
oder du wirst Menschen begegnen, die dir genau diese
Verunsicherung und den fehlenden Selbstwert vorleben.
Beides ist eine Aufforderung, dich diesen Themen zu stellen
und sie zu heilen.

Wenn ich die Verantwortung für mein Leben trage und alle Erfahrungen, die ich mache, von meiner Seele gewählt wurden, damit sie wachsen kann, bin ich auch diejenige, die alles verändern kann – ich bin nichts willkürlich ausgesetzt. Das bedeutet nicht, dass wir keine Herausforderungen mehr meistern müssen, aber wir sehen die Herausforderungen als Lernaufgabe, und ihre Bewältigung wird dadurch weitaus leichter.

Zurzeit leben wir in einer Pandemie mit dem Coronavirus, ich bin Seminarleiterin und dadurch in meiner Arbeit eingeschränkt. Das ist das Außen. Doch betrachte ich die Welt als meinen Spiegel, nehme ich die Angst vor diesem Virus wahr und schaue, wo in meinen unbewussten Ebenen aus der Vergangenheit diese Angst sitzt, um sie zu verarbeiten und mich von ihr zu befreien. In vielen Menschen wurden durch die Pandemie Gefühle von Angst, Einsamkeit und Hilflosigkeit aus der Vergangenheit hochgespült, die die aktuellen Gefühle verstärken. Auch in mir sind Themen aufgetaucht, die mir nicht bewusst waren. Ich habe die Chance genutzt und diese Themen mithilfe von Ritualen, Meditationen und meditativen Heilreisen heilsam berührt und harmonisiert. Aus der Tiefe meines Herzens weiß ich durch die Verbindung mit der weiblichen Urkraft, dass es sich immer lohnt, in die Heilung zu gehen. Wie tief die Verletzung auch sein und wie lange die Auflösung dauern mag, die heilsame Kraft der Weiblichkeit tröstet, stärkt und begleitet dich in diesen Zeiten der Heilung.

Worte der weiblichen Urkraft

»Ich erkenne mich in mir, ich erkenne mich in dir,
ich verneige mich vor mir, und ich verneige mich vor dir,
ich liebe mich, und ich liebe dich.«

RITUAL

Für dieses Ritual benötigst du:

- entweder 1 langen Wollfaden, Steine oder Rosenblätter
- 2 Kerzen
- 1 Feuerzeug
- 1 Blatt Papier
- 1 Stift

Schaffe dir als Erstes einen Platz, an dem du ganz ungestört bist und dich wohlfühlst.
Lege aus dem Wollfaden, den Steinen oder den Rosenblättern das Symbol der liegenden Acht in der Größe, dass du in beiden Kreisen genug Platz hast, um neben einer brennenden Kerze zu sitzen.
Atme tief ein und aus, und verbinde dich mit deinem Herzen und der urweiblichen Kraft in dir.
Stelle dir vor, wie sich ein magentafarbenes Licht in deinem Herzen ausbreitet. Lasse es über deinen linken Arm in deine Hand und in deinen linken Zeigefinger fließen. Jetzt zeichne mit diesem Finger die liegende Acht in der Luft nach, und energetisiere sie mit dem magentafarbenen Licht.
Zünde die Kerzen an, und stelle eine in jeden Kreis der Acht.
Schreibe nun auf ein Blatt Papier, was du mit diesem Ritual heilen, welche Situation du in Harmonie bringen möchtest.
Lege dann den Zettel in einen Kreis der Acht, und setze dich in den anderen.
Schaue in die Flamme der Kerze, dann schließe die Augen, und stelle sie dir vor. Lasse das Licht durch deinen ganzen Körper fließen, und bitte es, alles zu reinigen, was jetzt gereinigt werden darf. Das Licht wandert durch deinen ganzen

Körper und reinigt dich. Es strahlt aus deinen Poren in dein Energiefeld, deine Aura.
Atme in dein Herz hinein, lege deine Hände auf die Brust, und gehe in Kontakt mit der urweiblichen Kraft in dir. Spüre ihre Liebe und Güte, und lasse zu, dass die Energie wie ein heilsamer Balsam deinen ganzen Körper erfüllt.
Visualisiere jetzt, dass die Flamme der zweiten Kerze die Situation, die du auf dem Zettel beschrieben hast, mit ihrer Flamme reinigt. Stelle dir vor, wie das Licht die Situation erhellt und alles Graue und alle Negativität aus ihr und aus allen Beteiligten gelöst wird.
Dann lasse die urweibliche Kraft aus deinem Herzen in diese Situation hereinfließen, sodass sie alle Beteiligten erfasst und mit ihrer Energie erfüllt. Fühle noch einmal in dein Herz, und frage dich, was an dieser Situation dich am meisten verletzt, wütend gemacht oder aus deiner Mitte gebracht hat. Frage dich, was dir deine Seele mit dieser Situation zeigen wollte, welches Ereignis aus deiner Vergangenheit damit in Resonanz geht. Atme ein paarmal tief in dein Herz, und verbinde dich mit ihm. Taucht ein Ereignis aus deiner Vergangenheit auf, so stelle dir vor, dass die Flamme der zweiten Kerze auch diese Situation reinigt und die urweibliche Kraft aus dir in diese Situation fließt, sie mit Liebe erfüllt und in Harmonie bringt. Nimm die Situation ganz an.
Wenn du nicht weißt, womit aus deinem Inneren die heutige Situation in Zusammenhang steht, bitte dein Höheres Selbst und die urweibliche Kraft, alle Herzensbrüche, Schocks und Traumata aus der Vergangenheit, die mit der heutigen Situation in Verbindung stehen, zu heilen. Fahre dazu erneut mit deinem Zeigefinger und der Energie der weiblichen Urkraft das Symbol der liegenden Acht nach, und stelle dir

dabei vor, wie das Licht in es hereinfließt. Bitte das Licht, alle Energien zwischen dir und der Situation zu heilen. Das magentafarbene Licht fließt durch die Acht und löst jetzt alle negativen Energien auf. Danach erhebt es sich und bildet zwei magentafarbene Lichtkegel. In einem sitzt du, und im anderen befindet sich die Situation, die du heilen möchtest. Jetzt strömt von oben weißes Licht in die Kegel – es ist das Licht des Friedens und der Harmonie. Lasse dich ganz davon aufladen. Wenn du ganz aufgeladen bist, lösen sich die Kegel aus magentafarbenem Licht wieder auf. Du sitzt jetzt in der Acht, und alles ist von Harmonie erfüllt. Verweile so lange dort, bist du das Gefühl hast, dass das Ritual für dich beendet ist. Öffne die Augen, lösche die Kerzen als Zeichen für das offizielle Ende des Rituals, und genieße den Tag.

HEILREISE

Bevor du auf die Reise gehst, überlege dir, welche Situation in deinem Leben du wandeln, mit welchen Menschen du dich versöhnen, welche Auseinandersetzung du beilegen möchtest.
Atme dann tief in dein Herz, und komme ganz in deinem Herzen an. Verbinde dich in deinem Herzen mit der weiblichen Urkraft, und bitte dein Höheres Selbst um vollkommene Führung. Schließe dann die Augen.
Du stehst auf einer wunderschönen, sonnigen Wiese. Die Sonne wärmt dich, und Mutter Erde trägt dich. Nicht weit entfernt siehst du einen Wald, der dich wie magisch anzieht. Du gehst auf den Wald zu und bemerkst, dass dich jeder Schritt mehr entspannt und dich tiefer in dir ankommen lässt.

Jetzt bist du am Waldrand angekommen und siehst einen wunderschönen Weg, der von Bäumen gesäumt ist, die Kraft und Erneuerung ausstrahlen.
Gehe den Waldweg entlang, und denke bei jedem Schritt: »Liebe und Dankbarkeit.« Diese heilsamen Worte harmonisieren dein Energiesystem.
Vor dir taucht eine Lichtung auf, in deren Mitte Menschen im Kreis um ein Lagerfeuer sitzen. Während du näher kommst, erkennst du, dass es Frauen sind. Eine dieser Frauen hat dich bemerkt. Sie hat weiße, wunderschöne Haare und ein vom Alter gezeichnetes, liebevolles Gesicht, das Güte, Harmonie und Kraft ausstrahlt. Die weise Alte kommt auf dich zu und sagt: »Wir haben bereits auf dich gewartet, dein Platz in unserem Kreis ist dir sicher.«
Du gehst mit ihr zum Kreis der Frauen und bemerkst, dass ein Platz frei ist, es ist dein Platz. Du setzt dich und schaust in die Gesichter der Frauen, in denen du Weisheit, Liebe und Unterstützung für dich erkennen kannst.
Die weise Frau, die dich eingeladen hat, spricht zu dir: »Teile mit uns die Situation und die Lebensumstände, die du gern verändern und harmonisieren willst. Bringe dein Anliegen vor, fühle, was diese weisen Frauen, die Teil deiner Seele sind, dir zu sagen haben.«
Als Erstes fordern sie dich auf, dich zu erheben und aus deinen Händen alle Wut, allen Groll und allen Schmerz in das Feuer hereinfließen zu lassen. Du hältst deine Hände achtsam über das Feuer, und aus deinen Fingerspitzen fließt eine graue Flüssigkeit in es hinein.
Eine der Frauen stellt sich hinter dich, legt liebevoll eine Hand auf deinen Kopf und lässt weißes, irisierendes Licht des Trostes, der Liebe und der Güte in dich hereinfließen. Fühle die liebende Unter-

stützung, und lasse den Trost dich ganz erfüllen. Dann nehmt ihr beide wieder Platz.
Fühle die Befreiung, die Energetisierung und die innige Zuwendung, die dir diese Frauen entgegenbringen. Genieße es, nimm es ganz in dich auf.
Eine der Frauen wendet sich dir zu und spricht: »Um die Situation positiv zu wandeln, musst du sie zuerst einmal ganz annehmen, auch wenn du nicht weißt, wieso und warum.«
Frage die Frauen jetzt, weshalb deine Seele diese Situation kreiert hat, und lausche ihren Antworten. Falls du nichts hörst, fühle, was von ihnen ausgeht. Vielleicht siehst du aber auch Bilder und erfährst so, warum du diese Situation in deinem Leben kreiert hast. Und falls nichts von dem passiert und du weder etwas hörst noch siehst oder fühlst, bitte die Frauen, alles zu heilen, was jetzt zum Wohle deiner Seele geheilt werden darf.
Falls du etwas gehört, gesehen oder gefühlt hast, bitte darum, dass diese Situation geheilt wird und alle Beteiligten Frieden, Liebe und Vergebung erfahren. Spüre, dass die Heilung geschieht.
Falls du noch eine Frage hast, kannst du sie jetzt stellen.
Wenn du so weit bist, bedanke dich bei den Frauen, und wisse, dass dieser Platz in ihrem heiligen Kreis immer auf dich wartet.
Stehe auf, und gehe nun in Liebe und Dankbarkeit aus dem Wald hinaus. Wenn du wieder auf der Wiese angekommen bist, atme ein paarmal tief ein und aus, komme zurück ins Hier und Jetzt, öffne die Augen, und genieße den Tag.

Du bist mehr, als du denkst

Du bist ein schöpferisches Wesen in einem menschlichen Körper. Du bist in Liebe aus Liebe erschaffen worden. Wenn du dir dessen bewusst bist, kannst du ein Leben in vollkommener Liebe führen, denn dann betrachtest du alles auf der Welt mit Mitgefühl. Du erkennst selbst in lieblosen Menschen und negativen Situationen das Gute. Lieblose Menschen haben nur den Zugang zu ihrem Kern verloren, der auch Liebe ist. Jeder Mensch hat seine eigene Geschichte mit ihren Herausforderungen, die ihn oft vergessen lassen, wer er wirklich ist. Schnell lernen wir, nicht mehr aus dem Herzen zu handeln, sondern aus dem Verstand. Wir handeln dann nicht mehr voller Mitgefühl und Liebe, sondern bewerten und verurteilen uns selbst und andere.

Die urweibliche Kraft birgt in sich die Mutterliebe, die niemals aufhört, zu wirken, weil sie weiß, dass ihre Kinder im Kern Liebe sind.

Wir bestehen nicht nur aus einem Körper, um uns herum gibt es einen Energiekörper, der weit über den physischen Körper hinausreicht. Wenn wir einen Raum betreten, in dem vorher gestritten wurde, können wir dies meist bemerken. Ein Grund dafür ist, dass die Energiekörper es erspüren. Im Volksmund gibt es den Ausdruck: »Hier herrscht dicke Luft.« Und vielleicht erinnerst du dich an Situationen in deiner Kindheit, in denen du spürtest, dass die Erwachsenen traurig oder wütend waren, obwohl sie es nicht sagten.

Unser Energiekörper, auch Aura genannt, ist aus verschiedenen Schichten aufgebaut. Jede einzelne hat ihre Funktion und sendet uns ihr Empfinden. Wir sollten lernen, unseren Gefühlen Aufmerksamkeit zu schenken und ihnen zu vertrauen. Denn für viele Funktionen, die ursprünglich unserem Gehirn zugesprochen wurden, sind der Gefühlskörper und der Emotionalkörper als Teile unseres Energiefelds verantwortlich.

Viele Weisheitslehren besagen, dass wir hier auf der Erde sind, um ganz in unserem Glück, in unserem inneren Frieden und in unserem liebenden Kern anzukommen. Dieser liebende Kern in uns sollte unsere Führung sein. Wenn du dich als geistiges Wesen wahrnimmst, wird es dir gelingen.

Wenn wir kämpfen, wird uns Kampf entgegengebracht,
lieben wir, wird uns Liebe entgegenkommen.
Auch wenn der Sturm des Lebens tobt, können wir uns dafür
entscheiden, in Frieden und in unserer Mitte zu sein.

Auch wenn du nicht weißt, was deine Seele lernen möchte, ist es hilfreich, alle Situationen erst einmal anzunehmen. Nimm sie an, und bitte die urweibliche Quelle in dir, dich zu leiten. Oft zeigt sich erst später der tiefere Sinn dieses Weges. Die Quelle der Weiblichkeit in dir schaut alles in Liebe an, auch die großen Herausforderungen im Leben, und du kannst dich jederzeit in deinem Herzen fragen: »Was würde die Liebe tun?« Wenn du mit dieser Intention handelst, kann es nicht falsch sein.
Lasse dich nicht von Wut, Trauer oder Ärger leiten. Diese Emotionen kannst du wahrnehmen, sie annehmen und dann heilsam berühren. In unserer Zeit des Wandels bedarf es unbedingt mutiger Frauen, die in ihrer Mitte sind, ihre Gefühle ehren und ihnen Ausdruck verleihen. Frauen, die sich empathisch für die Gemeinschaft und zum Wohle aller in Situationen hineinfühlen und friedvolle Lösungen finden. Deine Seele und dein Herz kommunizieren über

Gefühle mit dir, und als Energiewesen kannst du dazu beizutragen, dass aus dieser Welt eine bessere wird.

Worte der weiblichen Urkraft

»Ich bin die Liebe, ich bin die Kraft, ich bin das Glück, ich bin ein Teil von allem, was ist.«

RITUAL

Für dieses Ritual benötigst du:

- Rosenblätter, Steine oder 3 lange Wollfäden
- Rosenwasser
- 1 Kerze
- 1 Feuerzeug

Lege aus den Rosenblättern, Steinen oder Wollfäden drei Kreise. Einen Kreis, in dem du sitzen kannst, und darum zwei äußere Kreise, in denen du stehen kannst.
Stelle die Kerze in die Mitte des inneren Kreises. Nimm etwas Rosenwasser in deine linke Hand, und verreibe es in beiden Handflächen.
Atme tief ein und aus, und verbinde dich mit deinem Herzen und der Quelle der heilsamen Weiblichkeit in dir. Stelle dir vor, dass deine Herzensenergie jetzt aus deinem Herzen in deine Arme und Hände fließt. Fächere dann das energetisierte Rosenwasser in deinen Händen wie mit sanften Engelsflügeln

in dein Energiefeld, und sage laut oder leise: »*Heilendes, heiliges Rosenwasser, reinige meine Energiefelder, reinige mein ganzes Sein.*« Spüre die reinigende und befreiende Wirkung. Zünde nun die Kerze in der Mitte des kleinsten Kreises an. Gehe dann in den äußersten Kreis, atme in dein Herz hinein, und bitte die urweibliche Kraft in dir, dich zu leiten. Spüre dich in diesem Außenkreis, er symbolisiert deinen äußersten Energiekörper. Dann gehe ganz bewusst in den nächsten Kreis, auch er symbolisiert eine deiner Energieebenen, und nimm dich in diesem Kreis wahr. Atme jetzt in dein Herz hinein, und gehe ganz bewusst in den mittleren Kreis, in dem Bewusstsein, dass du jetzt in deiner Mitte angekommen bist, in der die Liebe wohnt und regiert. Setze dich hin, und lasse dich ganz von deiner liebenden Mitte erfüllen. Schaue in die Kerzenflamme, schließe die Augen, und nimm die Flamme vor deinem geistigen Auge wahr. Lasse das Licht in dein Herz wandern und von dort in deinen ganzen Körper. Stelle dir vor, wie das Licht der Flamme auch all deine Energiekörper erfüllt. Nimm wahr, wie groß und voller Licht du bist.

Atme erneut in dein Herz hinein, und bitte die weibliche Urkraft in dir, dir deinen inneren Kern der Liebe bewusst zu machen. Stelle dir in deinem Herzen jetzt eine goldene Kugel vor, sie ist dein Kern der Liebe, der immer da ist, in dem du immer in Frieden und in Liebe bist. Genieße diesen Augenblick. Und wenn du diese Kraft und diese Liebe ganz in dich aufgenommen hast, atme ein paarmal tief ein und aus, komme zurück ins Hier und Jetzt, öffne die Augen, und lebe aus dem Kern der Liebe in dir.

HEILREISE

Suche dir einen Platz, an dem du ungestört, geschützt und geborgen bist.
Atme tief ein und aus, schließe die Augen, und bitte dein Höheres Selbst um vollkommene Führung. Stelle dir nun vor, wie das goldene Licht deines Höheren Selbst deinen ganzen Körper und dein ganzes Sein erfüllt.
Du stehst jetzt vor einer wunderschönen Wendeltreppe, die perlmuttfarben schimmert. Diese Wendeltreppe hat genau zehn Stufen, die dich hinab in deine Herzenskammer führen. Gehe Stufe für Stufe hinab, in dem Bewusstsein, dass du bei jeder Stufe tiefer in dein Sein eintauchst. Jetzt oder gleich bist du auf der letzten Stufe angekommen und schaust in einen smaragdgrünen und von Gold durchwobenen Raum, deine Herzenskammer. Gehe nun den letzten Schritt in deinen Raum, und nimm seine Liebe, seine Güte und seinen Schutz wahr. In der Mitte deiner Herzenskammer siehst du einen wunderschönen Sessel, in dem du nun Platz nimmst.
Verbinde dich mit der urweibliche Quelle in dir, und stelle dir vor, dass diese Quelle ein magentafarbenes Licht ist, das dich jetzt ganz erfüllt.
Dir gegenüber entdeckst du einen großen Spiegel. Bist du bereit für das Abenteuer, dich in deiner ganzen Schönheit, in deinem ganzen Licht zu sehen und zu erkennen, dass du ein schöpferisches Wesen bist mit weitaus mehr Fähigkeiten als denen, die du dir selbst zugesprochen hast?
Atme noch einmal in dein Herz hinein, und verbinde dich mit der urweibliche Kraft in deinem Herzen. Wenn du bereit bist, stehe auf, stelle dich vor den Spiegel, und schaue hinein.
Du erkennst dich jetzt mit all deinen feinstofflichen Ebenen und Lichtkörpern: deine Aura, dein Seelenlicht und auch die vielen

bunten Energiebahnen deines Herzens, die zu anderen Menschen führen.
Vielleicht siehst du die vielen Farben und das Licht um dich herum, oder du spürst sie oder stellst sie dir vor.
Genieße das Licht, genieße diesen Augenblick, und genieße es, dich in deinem Licht zu sehen. Setze dich dann noch einmal in deinen Sessel, und berühre dein Herz. Konzentriere dich wieder ganz auf dein Herz, und sieh das magentafarbene Licht darin. In ihm kannst du jetzt eine goldene Kugel erkennen. Sie ist der Kern der Liebe in dir. Erinnere dich: Du bist in Liebe aus Liebe erschaffen worden. Fühle die Liebe, die du bist. Lasse sie sich in dir ausdehnen, bis du ganz von ihr erfüllt bist. Du kannst diese Liebe jetzt auch zu deinen Liebsten senden, indem du sie ausdehnst. Danach lasse sie in deinem Herzen wieder zur goldenen Kugel werden.
Atme ein paarmal tief ein und aus, und gehe dann in deiner Zeit die zehn Stufen der Wendeltreppe wieder hinauf, in dem Bewusstsein, dass du immer mehr zurück ins Hier und Jetzt kommst. Öffne deine Augen.

Verbinde dich mit der Kraft deiner Ahnen

Das gesamte Erbe deiner weiblichen und männlichen Ahnenlinie ist in dir angelegt. Viele Weisheitslehren gehen sogar davon aus, dass wir sowohl die Fähigkeiten als auch die Blockaden unserer Ahnen in uns tragen. Wie genau zeigt sich das, und was bedeutet das konkret für unser Leben? Haben wir beispielsweise in einem bestimmten Bereich unseres Lebens immer wieder Probleme, die für uns nicht erklärbar sind, könnte es sein, dass es an einer Blockade liegt, die wir von unseren Ahnen übernommen haben. Auf der Verstandesebene kommt jetzt die Frage nach dem Sinn auf, doch auf dieser Ebene ist es schwer nachvollziehbar. Gehen wir auf die Herzensebene, und schauen wir es uns energetisch an, können wir erkennen, dass wir nicht willkürlich in unsere Familie hineingeboren wurden. Lasse ruhig den Gedanken zu, dass du dir genau diese Familie für dein Leben ausgesucht hast, um ganz besondere Erfahrungen zu machen. Du brauchst die Kraft und die Herausforderungen deiner Ahnen für deinen Entwicklungsweg in diesem Leben. Wenn du das verinnerlicht hast, kannst du auch davon ausgehen, dass du alle Hürden, die auftauchen, überwinden kannst. Denn deine Seele hat gewusst, was auf dich zukommt, und sie hat das Potenzial, um alles zu meistern.

Der urweibliche Weg wird dich anleiten, sodass du diese Fähigkeiten wieder aktivieren kannst, wenn du sie brauchst.
Dein Herz kennt all die Antworten, und die urweibliche Quelle in dir mit ihrer tiefen Liebe will dich zu Glück und Frieden leiten.

Hier ein Beispiel aus meiner Familie und ihrer Ahnenreihe: Seit vier Generationen spricht in meiner Familie die Mutter nicht mehr mit ihrer ältesten Tochter. Ist das ein Zufall? Meiner Meinung nach nicht. Dieses Problem wird von Generation zu Generation weitergegeben, bis die Weisheit und das Mitgefühl in der Familie sich so weit entwickelt haben, dass dieses Problem nicht mehr auftaucht und es mit Mitgefühl und Liebe gelöst wird. Auch unsere Seelen durchlaufen eine Evolution. Unsere Kinder haben mehr Herzensweisheit und Licht als wir, und wir haben mehr davon als unsere Eltern. Doch ob wir diese Weisheit und das Licht leben, entscheidet jeder für sich selbst.

In vielen Urvölkern werden die Ahnen hoch geachtet und sehr geehrt. Die Pueblo-Indianer in New Mexico, mit denen ich eine Zeit lang eng verbunden war, sind davon überzeugt, dass die Ahnen auf einer geistigen Ebene weiterleben und uns unterstützen. Sie rufen sie beispielsweise um Hilfe, und viele von ihnen werden in ihren Träumen von den Ahnen besucht. In unserer westlichen Welt ist dieser Glaube immer mehr in Vergessenheit geraten.
Mittlerweile hat selbst die Wissenschaft festgestellt, dass bestimmte Schocks und Traumata, die unsere Eltern erlebt haben, auch in unserem System wirken. Die urweibliche Kraft in uns weiß, dass wir diese Blockaden auflösen können und dass wir Gaben und Fähigkeiten unserer Ahnen in uns aktivieren können. Mittlerweile gibt es auch viele Bücher darüber, welche Last die Nachkriegsgeneration in sich trägt. Und wenn wir die Gegenwart betrachten, ich schreibe dieses Buch 2020, können wir erkennen, dass diese herausfordernde Zeit viele Ängste in den Menschen wieder hervorholt. Wenn wir in Angst sind, dockt diese Angst an all die Ängste an, die wir bereits in uns tragen und die noch nicht verarbeitet sind. Zudem kann es sein, dass die unverarbeitete Angst der vorherigen Generationen

sich zeigt. Psychologen sprechen davon, dass etwa 20 % der Angst, die wir fühlen, aus der gegenwärtigen Situation entstanden und 80 % davon Altlasten sind. **Die gute Nachricht ist, dass du sowohl die übernommenen Ängste als auch die aus deiner Kindheit mithilfe der Heilreise in diesem Kapitel abgeben und mit der Kraft der Urweiblichkeit in Liebe wandeln kannst.** Denn sobald Blockaden und Ängste aus deinem Unterbewussten auftauchen und du sie bewusst wahrnimmst, verlieren sie bereits einen Großteil ihrer Wirkung. Schauen wir uns unter diesem Blickwinkel die Angst vor einem Virus an, könnte es sein, dass all die Erfahrungen unserer Ahnenreihe mit Viruserkrankungen aus unserem Unbewussten aufsteigen. Das heißt, wenn Menschen aus unserer Ahnenreihe an einem Virus gestorben sind, wird jetzt die Todesangst in uns aufsteigen, wenn wir die belastende Erfahrung noch nicht aufgelöst haben.

Aber auch Fähigkeiten und Begabungen werden uns von unseren Ahnen weitergegeben. Es gibt Familien, die über Generationen hinweg besonders musikalisch sind, besonders gut malen können oder in einem Handwerk besonders talentiert sind.
Finde heraus, welche Fähigkeiten deiner Ahnen durch dich gelebt werden möchten. Fühle in dich hinein, verbinde dich mit deinem Herzen, und überlege, was deinen Ahnen guttun könnte. Wenn wir positive Energien in unsere Ahnenreihe senden, wirkt es sich zum Wohle aller aus, die da waren und die noch kommen werden.

Worte der weiblichen Urkraft

»Die Kraft der Ahnen ist mit mir, ebenso ihre Liebe und Güte. Ich verneige mich in Dankbarkeit vor meinen Ahnen, und ich bin frei.«

RITUAL

Für dieses Ritual benötigst du:
- Bilder deiner Eltern
(und falls vorhanden von deinen Großeltern und Urgroßeltern)
- Weißen Salbei
oder eine andere reinigende Räuchermischung
- 1 Räuchergefäß oder 1 feuerfeste Schale
- 1 Feuerzeug
- 1 Feder
- 3 Bänder in unterschiedlichen Farben, ca. 1 m lang
- 1 Kerze
- 1 Vase
- den Zweig eines Baumes als Symbol des Ahnenbaumes
- 1 Messer (wenn möglich ein Ritualmesser)

Gestalte dir einen Ahnenaltar, auf dem du die Bilder, die Kerze und den Zweig in der Vase platzierst. Vielleicht hast du noch andere schöne Dekorationsgegenstände, die diesen Ahnenaltar bereichern können.
Zünde die Kerze auf dem Altar an, und sprich dabei einen Wunsch für dich, für deine Ahnen und für die Welt aus. Zünde die Kohle in dem Räuchergefäß an, und gib die Räuchermischung hinzu. Den Weißen Salbei kannst du direkt anzünden (siehe S. 16). Fächere den Rauch mit der Feder in dein Energiefeld, und reinige so auch den Altar mit allen Bildern. Verneige dich vor deinem Ahnenaltar, und sage laut: *»Ich ehre und achte euch, ihr wart vor mir da.«* Nimm jetzt dein Messer, und sprich: *»Ich schneide jetzt alle Verbindungen von euch zu mir durch, die nicht zum höchsten Wohle meiner Seele sind.«*

Bewege das Messer nun in einem Abstand von 20 cm zu deinem Körper von oben nach unten, und schneide dabei energetisch alle Verbindungen durch – insbesondere auf der Höhe des Herzens. Danach lege das Messer wieder zur Seite. Setze dich hin, lege die Hände auf dein Herz, und stelle dir vor, wie weißes Licht aus deinen Händen in dein Herz fließt und es heilsam berührt.

Nun nimm eines der Bänder. Verbinde dich mit deinem Herzen, und fühle, welche negativen Lasten du von deinen Ahnen übernommen hast. Knote diese Lasten in dieses Band. Mache einen Knoten für jede Last. Lasse dir ruhig Zeit dabei.

Nimm jetzt das zweite Band, und überlege, welche Gaben du bereits von deinen Ahnen empfangen hast und welche ihrer Begabungen du vielleicht bis jetzt noch nicht angenommen hast. Mache einen Knoten für jede Begabung in das Band, lasse dir Zeit, und sei dankbar für die Geschenke deiner Ahnen. Lege das Band auf den Altar.

Jetzt frage dich, welche deiner Gaben und Fähigkeiten deine Ahnen gut hätten gebrauchen können, um ihr Leben leichter und liebevoller zu gestalten. Nimm das dritte Band, und mache für jede deiner Begabungen ein Knoten hinein. Lasse mit jedem Knoten Liebe und Harmonie in das Band hereinfließen.

Hänge das Band mit den Geschenken für deine Ahnen an den Zweig auf deinem Altar, und sprich laut: *»In liebender Verbundenheit schenke ich euch diese Seelengaben, mögen sie zum höchsten Wohle eurer Seelen wirken.«*

Das Band mit den Lasten, die du von deinen Ahnen übernommen hast, kannst du verbrennen oder einem fließenden Gewässer übergeben, wenn es aus Naturmaterialien besteht. Sage dabei laut: *»Ich lasse diese Lasten jetzt gehen, ich vernei-*

ge mich vor meinen Ahnen und entscheide mich für meinen eigenen Weg der Leichtigkeit und des Friedens.«
Das Ritual kannst du durch das Löschen der Kerze bewusst beenden.

HEILREISE

Atme ein paarmal tief in dein Herz hinein, und komme ganz in deinem Herzen an.
Lege deine Hände mit der Intention auf dein Herz, dich mit der urweiblichen Kraft in dir zu verbinden. Schließe die Augen. Du befindest dich jetzt auf einer wunderschönen Wiese, die ein Teil deiner Seelenlandschaft ist. Schaue dich um, und genieße die Schönheit, die sich dir bietet.
Du siehst jetzt eine Lichtgestalt, die Liebe, Mut und Zuversicht ausstrahlt und über die Wiese auf dich zukommt. Sie verneigt sich vor dir und sagt: »Ich begleite dich heute auf einem Teil deiner Seelenreise zu deinen Ahnen.« Dieses Lichtwesen hält einen Gürtel in der Hand, den sie dir jetzt behutsam umbindet. Du entdeckst ein Messer und einen Beutel an deinem Gürtel. Die Lichtgestalt erklärt dir: »Das ist ein Ritualmesser, du wirst es brauchen, und in dem Beutel ist Goldstaub. Den kannst du immer dann verwenden, wenn es darum geht, Negativität aufzulösen.« Dann schreitet die Lichtgestalt voraus, und du folgst ihr über die Wiese. Nicht weit entfernt erkennst du einen riesengroßen marineblauen See. Die Lichtgestalt geht geradewegs auf ihn zu. Am Seeufer liegt ein kleines Boot, und die Lichtgestalt sagt: »Dieses Boot wartet auf dich.« Du schaust über den See und entdeckst in seiner Mitte eine

Insel, auf der ein wunderbarer großer Baum steht, der zu leuchten scheint. Die Lichtgestalt spricht zu dir: »Der Baum auf der Insel ist dein Ahnenbaum. Mit diesem Boot kannst du zur Insel übersetzen, um den Baum zu besuchen. Ich werde hier auf dich warten und dich später wieder in Empfang nehmen.« Du setzt dich in das kleine Boot, die Lichtgestalt schiebt es auf das Wasser, du nimmst die Ruder und beginnst, ganz leicht zu rudern. Es ist eher ein Gleiten über das Wasser. Jeder Ruderschlag bringt dich weiter in die Mitte des Sees. Jetzt oder gleich bist du an der Insel angekommen. Du steigst aus dem Boot und ziehst es ans Ufer. Als du auf den Baum zugehst, siehst du, dass er leuchtet und mit Gebetsfahnen geschmückt ist. Du bemerkst, dass eine von ihnen besonders hell leuchtet. Als du sie dir näher anschaust, entdeckst du, dass dein Name auf ihr steht. Du stehst am Baumstamm, blickst nach oben und siehst Hunderte von Gebetsfahnen in der Krone des Baumes, und jede Fahne trägt einen Namen.

Du setzt dich an diesen wunderschönen Baum, spürst den Stamm in deinem Rücken und legst deine Hände auf die Wurzeln. Atme tief in dein Herz, spüre es, und frage, welche Gaben und welche Fähigkeiten du für deine Ahnen mitgebracht hast.

Es könnte Ebenbürtigkeit sein, Selbstliebe, Selbstwert, Kreativität oder bedingungslose Liebe. Was es auch immer sein mag, lasse es dein Herz erfüllen. Stelle dir vor, wie es aus deinem Herzen in deine Arme und Hände fließt. Über deine Hände fließen diese Gaben in die Wurzeln des Baumes, den Stamm hinauf, in jedes Blatt, jeden Zweig, jeden Ast und in jede Gebetsfahne. Der ganze Baum ist jetzt erfüllt von deinen Geschenken. Und es ist, als ob du die Dankbarkeit deiner Ahnen spüren kannst. Du stehst auf und umarmst deinen Ahnenbaum. Verbinde dich mit ihm. Dann löse dich wieder, du siehst nun um den Baum herum farbige, schillernde Kugeln. Es sind die Geschenke deiner Ahnen an dich. Sammle die wundervollen Kugeln auf, und lasse sie nach und nach in dein Herz fließen. Du kannst jede Kugel fragen, welche Gabe, welche Fähigkeit sie in sich birgt. Vielleicht erhältst du eine Antwort, vielleicht wird dir zu einer anderen Zeit gewahr, welche Kraft du nun zusätzlich in deinem Herzen trägst. Nimm dir die Zeit, die du brauchst.

Jetzt spürst du etwas Enges um deine Füße. Du schaust an dir hinab und entdeckst verschieden dicke Seile um deine Fußgelenke, die dich beengen. Diese Seile symbolisieren die Blockaden, Herzensbrüche, Schocks und Traumata, die du von deinen Ahnen übernommen hast. Du nimmst jetzt dein Messer, das sich an deinem Gürtel befindet, und schneidest ganz leicht all diese Fesseln durch in dem Bewusstsein, dass du dich von alten Blockaden und negativen Energien befreist. Nachdem du alle Seile durchtrennt hast, nimmst du aus dem kleinen Säckchen an deinem Gürtel etwas Goldstaub und streust ihn auf die Seile, woraufhin sie sich in Luft auflösen.

Verneige dich jetzt vor deinem Ahnenbaum, und wisse, dass du jederzeit hierher zurückkommen kannst. Du setzt dich wieder in dein Boot, und als du zurück an das andere Ufer ruderst, bemerkst du, dass du dich viel leichter und wie beschenkt fühlst. Das Lichtwesen wartet bereits auf dich und hilft dir, das Boot an Land zu ziehen. Wieder auf der bunten Wiese angekommen, dankst du dem Lichtwesen, atmest ein paarmal tief ein und aus, öffnest die Augen und kommst ganz zurück ins Hier und Jetzt.

Selbstermächtigung – Erwecke dein Potenzial

Tief in deinem Herzen liegt die Weisheit deiner Seele. Diese Weisheit kennt dein ganzes Potenzial. Und das ist viel mehr, als du dir vorstellen kannst. Deine Seele weiß, was dich glücklich und zufrieden macht. Wenn du auf deine innere Stimme in deinem Herzen hörst, führt sie dich in ein erfülltes und glückliches Leben. Durch Meditationen, meditative Spaziergänge und Entspannungsphasen bekommst du einen Zugang dazu. Selbstermächtigung heißt, dass du dir bewusst wirst, wer du wirklich bist. Du bist ein schöpferisches Wesen, und du bist mit Sicherheit sehr viel mehr, als du annimmst. Vielleicht kannst du dich an deine Pubertät erinnern, als du ein junger Erwachsener warst. In dieser Zeit des Lebens hatten die meisten von uns einen guten Zugang zu ihrem Potenzial.

Ich weiß noch genau, ich wollte damals die Welt verändern und habe gespürt, dass dieser Weg der Richtige ist. Als ich dann begann, mich anzupassen, als ich dazugehören wollte und anstatt meinem Inneren dem Sicherheitsdenken meines Umfeldes vertraute, bin ich von diesem Weg abgekommen. Ging es dir ähnlich? Hast du vielleicht schon früher deine Herzensstimme nicht mehr gehört? Oder gehörst du zu den Glücklichen, die ihrem Herzen weiterhin gefolgt sind?

Wenn du heute dieses Buch in deinen Händen hältst, dann ist es ein sichtbares Zeichen dafür, dass es dich weiterhin interessiert, was noch alles in dir steckt. Du kannst die Tür deines Herzens wieder öffnen und dein volles Potenzial entdecken. Das Urweibliche ist grenzenlos, es geht über die Verstandesebene hinaus. Der Spruch von Pipi Langstrumpf, der Heldin meiner Kindheit, *»Habe ich noch nie gemacht, dann muss es ja klappen«* könnte der urweiblichen Kraft entsprungen sein. **Das Urvertrauen des Urweiblichen ermächtigt dich, Dinge zu tun, die dich über deine jetzigen Grenzen erheben.** Untersuchungen haben ergeben, dass uns Taten, die unsere Grenzen erweitern, glücklich machen. Da wir in einer Welt leben, die eher von Sicherheitsdenken und Angst geprägt sind, könnte dies einer der Gründe sein, warum viele Menschen nicht zufrieden und glücklich sind. »Sei mutig«, sagt die Urkraft in dir, »probiere aus, gestatte dir, Fehler zu machen, denn die gehören dazu.« Ohne Fehler würden wir nicht lernen.

Der urweibliche Weg führt nicht über den Verstand, er führt über dein Herz. Wenn du dich selbst ermächtigst und deine Kreativität und deine Begabungen lebst, profitiert dein ganzes Umfeld davon. Es wird andere motivieren, es dir gleich zu tun.

Die meisten von uns sind von Müttern und Vätern erzogen worden, die sich ihre Fähigkeiten und Wünsche nicht eingestanden haben. Jetzt ist die Zeit des Wandels. Gestehe dir den Wunsch nach einem glücklichen und erfüllten Leben ein. Mit der urweiblichen Kraft in dir kannst du heute beginnen, deine Träume zu verwirklichen. Die Verhaltensmuster deiner Eltern und Ahnen kannst du los- und Neues in dir zulassen. Ob du dich ermächtigen möchtest, deine Berufung zu leben oder eine wahre Partnerschaft, was auch immer in dir als Inspiration und an Wünschen schlummert, es ist nie zu spät, beginne jetzt!
Und wenn du gar nicht weißt, was du als Gabe in dir trägst, dann betrachte die Welt, und überlege dir, was du am liebsten verändern möchtest, damit es der Welt besser geht. Dann weißt du, womit deine Gabe zu tun hat, denn du bist ein Teil der Lösung.

Worte der weiblichen Urkraft

»Ich bin geliebt, ich bin behütet,
ich bin verbunden. Mein Herz kennt den Weg,
ich folge meinem Herzen, ich folge mir.«

RITUAL

Für dieses Ritual benötigst du:
- Steine, Rosenblätter oder 1 langen Wollfaden
- 1 Kerze
- 1 feuerfeste Schale
- 1 Feuerzeug
- 1 Blatt Papier
- 1 Stift

Lege dir aus Steinen, Rosenblättern oder aus einem Wollfaden eine Spirale, in der du genug Platz hast, um darin entlangzugehen.
Der nächste Schritt des Rituals ist die Reinigung. Stelle dir vor, dass du unter einem wunderschönen Wasserfall stehst, der in allen Regenbogenfarben schillert. Spüre, wie das schillernde Wasser über dein Kronenchakra in dich fließt. Durch deinen Hals in deinen Rumpf, in die Arme, bis in die Fingerspitzen, und dann weiter in die Oberschenkel, Knie, Waden, bis in die Füße. Als Nächstes stelle dir vor, wie aus deinen Fußsohlen Wurzeln wachsen und alles, was das schillernde Wasser an Negativität aus deinem Körper gelöst hat, jetzt über diese Wurzeln in Mutter Erde hereinfließt. Bleibe

so lange unter diesem Wasserfall, bis du dich ganz gereinigt und befreit fühlst.
Notiere dir jetzt auf einem Blatt Papier, welche Glaubenssätze du von deinen Eltern und von deinem Umfeld übernommen hast und welche davon du nun loslassen möchtest.
Schreibe ebenso auf, welche Niederlagen oder Misserfolge du nicht verkraftet hast und welche Blockaden dich abhalten könnten, deine Träume, deine Inspiration und deine Gaben zu verwirklichen.
Zünde nun die Kerze an, und platziere sie in der Mitte deiner Spirale. Sie symbolisiert dein inneres Licht, deine innere Weisheit und deine Verbundenheit.
Nimm deinen Zettel, und gehe langsam, Schritt für Schritt, von außen nach innen deine Spirale entlang. Bei jedem Schritt denke: »*Ich lasse los.*«
Wenn du in der Mitte deiner Spirale angekommen bist, zerreiße das Papier in kleine Stücke in dem Wissen, dass all diese Energien jetzt aus deinem Bewusstsein gelöst werden.
Sprich nun laut oder leise: »*Mein göttliches Höheres Selbst und mein urweiblicher Quell in mir, erlöst mich von all den alten Energien, Gedanken und Gedankenmustern, die ich selbst gebildet oder von anderen übernommen habe und die mich daran hindern, mich als das zu erkennen, was ich bin, als ein kostbares, heiliges, bewusstes Wesen der Schöpfung.*«
Lege die Papierstücke auf den Boden der Spirale. Schaue in die Flamme der Kerze, und stelle dir vor, wie du das Licht in dich aufnimmst und es aus deinem Herzen heraus in dein Energiefeld, dein Zuhause und in die ganze Welt leuchten lässt.
Konzentriere dich nun wieder auf dein Herz, und genieße eine Weile das Gefühl von Kraft und Anmut.

Gehe dann in dem neuen Bewusstsein Schritt für Schritt aus deiner Spirale hinaus. Sprich dabei folgende Worte: *»Ich erkenne meine wahre Größe.«*
Wenn du die Spirale verlassen hast, danke ihr, danke dem Licht, das dich begleitet hat, und danke der urweiblichen Kraft.
Die Papierstücke aus der Mitte kannst du jetzt in dem Bewusstsein, dass du es wirklich loslässt, in der Schale verbrennen oder fließendem Wasser übergeben.

HEILREISE

Atme bewusst in dein Herz hinein, nimm dich ganz in diesem wahr, und schließe die Augen.
Du stehst jetzt auf einer wunderschönen, sonnigen Wiese, spürst Mutter Erde unter deinen Füßen und die Sonne auf deiner Haut, die dich wärmt. Du fühlst dich sicher und geborgen. Auf einmal hörst du das Plätschern von Wasser. Du gehst darauf zu und siehst einen Bach, von dem du wie magisch angezogen wirst. Er glitzert in hellem Blau, und eine kleine, weiße Brücke führt über ihn. Das gegenüberliegende Ufer ist mit Blumen bewachsen, und du kannst die schillernde Aura der Blüten und des Grases erkennen. Nicht weit vom Ufer entfernt siehst du auf der anderen Seite einen wunderschönen Tempel.
Gehe jetzt achtsam und bewusst, ganz in deiner Zeit, über die Brücke. Bei jedem Schritt erreichst du eine tiefere Bewusstseinsebene, auf der du der Stimme deines Herzen näher bist. Auf der anderen Seite angekommen, nimmst du alles ganz bewusst wahr. Der

Tempel strahlt in goldenem, magentafarbenem und rosa Licht. Du fühlst dich von ihm angezogen und gehst auf ihn zu. Dort angekommen, siehst du drei Stufen, die dich in den Tempel führen. Ganz bewusst steigst du sie hinauf. Oben kannst du in einen wunderschönen Raum blicken, in dessen Mitte ein prachtvoller Sessel steht, der dich zum Sitzen einlädt. Setze dich in diesen Sessel, und verbinde dich mit der urweiblichen Kraft in dir und mit deinem Höheren Selbst.

Vertrauen, Zuversicht und Führung breiten sich in dir aus. Dann entdeckst du ein wunderschönes, schillerndes, geistiges Wesen, das durch den Raum auf dich zukommt. Vielleicht erscheint es dir engels- oder göttinnengleich. Das Wesen reicht dir ein Zepter aus goldenem Licht und verschwindet dann wieder. Nimm es in Empfang – es ist dein Zepter der Selbstermächtigung. Das goldene Licht fließt durch dich, es stärkt dich, richtet dich auf und schenkt dir Zuversicht. Du lässt dich ganz von ihm erfüllen. Dann legst du deine Hände auf dein Herz und fragst dich, was es sich von dir wünscht. Lausche eine Weile, und frage dich, in welchen Bereichen deines Lebens du diese Kraft brauchst.

Lasse das goldene Licht jetzt in alle Bereiche deines Lebens fließen, die sich dir zeigen. Stelle dir vor, wie du mithilfe dieser Energie selbstermächtigt handelst und lebst.

Verbringe so viel Zeit an diesem Ort, wie du magst, wie es sich für dich gut anfühlt. Dann stehe auf, gehe durch den Raum, steige die drei Stufen vor dem Tempel hinunter, und laufe über die Wiese zu der kleinen Brücke. Auf der anderen Seite angekommen, nimmst du ein paar tiefe Atemzüge, öffnest die Augen und kommst zurück ins Hier und Jetzt. Wissend, dass du das Zepter deines Lebens in dir trägst.

Die Essenz der weiblichen Urkraft

Die Essenz des Urweiblichen ist in jedem von uns angelegt, doch Machtdenken und Materialismus haben dazu beigetragen, dass dieser uns innewohnende Schatz bei den meisten Menschen verschüttet wurde. Wenn du die folgenden Kapitel mit deinem Herzen liest, wird es sich erinnern und aufatmen, sich erkannt und gesehen fühlen. Erkenne wieder, was für ein machtvolles und zugleich liebendes Potenzial in dir schlummert und gelebt werden will. Die Heilreisen und Rituale sind kraftvolle Werkzeuge, die dich dabei unterstützen, das Licht in deinem Herzen wieder ganz freizulegen.

Öffne dich für die Macht der Liebe

Die Liebe ist die stärkste Kraft im Universum. Sie vermag neues Leben zu erschaffen, und ihre heilende Kraft ist grenzenlos. Die Macht der Liebe kann Kriege verhindern und eine Welt voller Frieden und Mitgefühl erschaffen. Diese Macht liegt auch in jedem von uns. Wir haben sie mit der Zeit einfach nur verlernt, zu nutzen, oder vergessen.

Die Liebe, die du auf eine Situation oder auf einen Menschen richtest, wird sich immer positiv und heilsam auswirken, wenn sie bedingungslos ist. Die Macht der Liebe in dir ist so viel stärker, als du dir vorstellen kannst. Sie ist ein Kraftwerk, das Krisen auflösen und

das Gute stärken kann. Wir leben in einer Gesellschaft, in der der Verstand die Führung übernommen hat und in der die Gefühle, die Intuition, die in der Liebe zu Hause sind, als weniger wertvoll und manchmal sogar als negativ gewertet werden.
Wie oft haben wir als Frauen gehört, dass wir unseren Verstand und nicht unsere Gefühle entscheiden lassen sollen, und wie oft haben wir dann Dinge getan, die uns nicht gutgetan haben. Wir dürfen wieder lernen, auf die Macht der Liebe in uns zu hören und die weibliche Urkraft in uns führen zu lassen. Sei selbstbewusst, weise, wild und wunderbar. Lebe deine weibliche Kraft der Liebe. Erkenne diesen Schatz und diese Macht, eine Frau zu sein. Deine Intuition ist wertvoll, lerne, auf sie zu hören. Sie ist mit der Macht der Liebe verbunden. Öffne dein Herz für diese kraftvolle Gabe, fühle sie, lebe sie, und schenke sie. Die liebende Macht will durch dich gelebt werden, um dein und unserer aller Leben zu bereichern. Sie ist mit allen verbunden, was ist, findet friedvolle Lösungen und Wege und wirkt immer zum Wohle aller.

Die Liebe baut Brücken über Abgründe in unserem Leben.

Die Macht der Liebe kann dich vor negativen Einflüssen schützen. Sie wird dich Worte finden lassen, die Frieden säen. Vielleicht hast du als Kind erlebt, wie die Liebe deiner Eltern dir ein machtvoller Helfer war, wenn du negative Erfahrungen gemacht hast. Oder du bist selbst Mutter und hast erlebt, wie deine Liebe Kummer, Schmerz und Angst auflöste.
Die Macht der Liebe verbindet dich mit deinem schöpferischen Potenzial. Sie kann und wird Herzen heilen und dich lehren, die Seele und das Herz eines jeden Wesens zu sehen. Sie richtet deine Aufmerksamkeit auf das Positive und stärkt es damit. Dieser machtvolle, liebende Fluss fließt so lange, bis sich der Schleier des

Negativen lüftet und die Liebe sich in allen Situationen zeigt. Dabei spielt Zeit keine Rolle. Die Macht der Liebe agiert mit Weitsicht und weiß, dass ihre Zeit kommen wird.
Die Macht der Liebe wohnt in deinem Herzen und ist ein Teil des Urweiblichen in dir. Wenn du diese Macht wieder annimmst und dich von ihr durchdringen lässt, schaust du immer öfter liebend auf dich und auf diese Welt. **Sei liebevoll zu dir, beurteile dich nicht, und verurteile dich nicht. Schaue auf dich, als ob du dein eigenes geliebtes Kind wärst, dem du nur alles Gute und Schöne wünschst.** Die Meisterschaft besteht dann darin, alle Menschen zu betrachten, als ob sie deine geliebten Kinder wären. Dann lebst du deine Macht der Liebe.

Jegliche Beurteilung ist fehl am Platz. Erinnern wir uns lieber daran, dass wir alle Situationen selbst erschaffen, auch wenn es unbewusst geschieht, wir sind schöpferische Wesen. Deine Liebe kann dein Leben mit der Hilfe des Himmels zu einem Abenteuer der Liebe, der Kreativität und Verbundenheit werden lassen.
Die Macht, die wir jedoch in unserer Welt meist erleben, ist die Macht des Geldes, der Gewalt und Kontrolle. Wenn du dich als liebendes Wesen begreifst und dich mit der Liebe des Himmels verbunden fühlst, können im Außen Dinge geschehen, die dich vielleicht einschränken und beeinflussen, und doch bleibst du im Gefühl der Liebe, in Ruhe und Verbundenheit. Du hast das Vertrauen zu deiner Seele und weißt, dass ihr höherer Plan dich in Liebe leitet. Öffne dich für Wege und Lösungen, die höhere Ebenen deiner Seele dir senden.

Sei dir bewusst, du bist in Liebe aus Liebe erschaffen worden. Ich weiß, dass unser Leben sich nicht immer so anfühlt. Die Blockaden, die dazu führen, dass du dich nicht in Liebe annimmst, haben ihre Wurzeln häufig in der Kindheit. Auch wenn unsere Eltern uns unendlich lieben und geliebt haben, lernten wir als Kind schnell, dass wir mit all unseren Gefühlen oft nicht richtig waren. Die Maßregelungen unserer Eltern und unseres Umfeldes haben in uns das Gefühl hinterlassen, dass wir nicht gut so sind, wie wir sind, und dass wir nur unter bestimmten Bedingungen geliebt werden. Auch wenn unsere Eltern uns bedingungslos lieben, nehmen wir es als Kind durch Situationen, in denen wir negativ beurteilt werden, anders wahr. **Als Kind beziehen wir alle Emotionen, die wir von unseren Eltern wahrnehmen, auf uns. Schnell fühlen wir uns schuldig oder falsch.** Einige Naturvölker lebten den Brauch, dass die Eltern nie mit ihrem Kind schimpften, um sein Urvertrauen nicht zu zerstören. Alle Erziehungsmaßnahmen hat ein Dritter übernommen, den die Eltern nach bestimmten Kriterien aussuchten. Er musste vertrauenswürdig sein und von dem Kind gemocht werden. Wenn es also Probleme gab oder das Kind erzogen werden musste, übernahm dies diese Person. Sie sprach mit dem Kind und stellte, wenn nötig, die Regeln und Erziehungsmaßnahmen auf. So hatten die Kinder dieser Völker ein starkes Selbst- und Urvertrauen und fühlten sich von ihren Eltern bedingungslos geliebt.

In der mentalen Heilreise am Ende dieses Kapitels kannst du verletzten Anteilen aus deiner Vergangenheit begegnen, sie integrieren und heilsam berühren, um der liebenden Macht in dir und in deinem Leben Platz zu geben. Denn um unsere göttliche Macht leben zu können, brauchen wir das Gefühl, unschuldig und geliebt zu sein. Wenn in unserem Unterbewusstsein ein Schuldgefühl wohnt, werden wir unsere Macht nie voll annehmen können, da wir das Gefühl haben, es nicht wert zu sein.

Hier sei noch einmal gesagt: Wir dürfen Fehler machen, denn wir lernen durch Fehler. Du bist ein schöpferisches, heiliges Wesen, und jeder deiner Gedanken formt deine Zukunft. Wenn du deine liebende Macht anerkennst und beginnst, deine Gedanken zu beobachten und zu kontrollieren, wird sich dein Leben schnell ins Positive wandeln. Ertappst du dich bei negativen Gedanken, kannst du sie wandeln, indem du mit Überzeugung »löschen« sagst, damit löst du sie auf. Die Macht der Liebe gehört zum Urweiblichen in dir, das liebt, vergibt, stärkt und nicht urteilt.

Wenn es dir möglich ist,
betrachte jede Situation aus deinem Herzen heraus,
nimm die Situation an, ohne sie zu bewerten.

Ich weiß, dass es dir erst einmal schwerfallen könnte. Die Macht der Liebe zu leben, bedeutet, auch dann in der Liebe des Herzens zu bleiben, wenn die Stürme des Lebens toben. Es ist ein stilles, friedvolles Gefühl, das du zwischen deinen Atemzügen wahrnehmen kannst. Die Macht der Liebe ist immer da, sie kann nur von negativen Gedanken und Gefühlen überdeckt sein.

Worte der weiblichen Urkraft

»Liebe, durchdringe mich mit deiner Macht.
Ich bin geliebt, ich liebe, und ich erkenne an,
dass Liebe die stärkste Kraft im Universum ist.«

RITUAL

Für dieses Ritual benötigst du:
- Steine, Rosenblätter oder 1 langen Wollfaden
- 1 Schale mit Wasser
- ätherisches Öl oder Rosenwasser

Stelle dir eine kleine Schale mit Wasser für das Ritual bereit. In das Wasser könntest du, um es für dich zu einem besonderen Ritualwasser werden zu lassen, ein ätherisches Öl geben, das du magst, oder ein paar Tropfen Rosenwasser. Du kannst die Schale mit Wasser auch energetisieren, indem du sie in deinen Händen hältst, deine Augen schließt, die Wörter »Liebe« und »Dankbarkeit« aus deinem Herzen heraus sprichst und dir vorstellst, wie die Wörter aus deinem Herzen strömen und die Schale erfüllen. »Liebe« und »Dankbarkeit« sind unter anderem die Wörter, die die höchsten positiven Schwingungen in sich tragen und aussenden.
Suche dir einen Ort, an dem du ungestört bist. Lege einen Steinkreis, einen Kreis aus Rosenblättern oder aus Wolle. Der Kreis sollte so groß sein, dass du dich bequem hineinsetzen kannst.
Lege nun deine Hände auf dein Herz. Atme ein paarmal tief ein und aus, und komme mit deinem ganzen Bewusstsein in deinem Herzen an. Bitte die heilsame urweibliche Quelle in dir, die Macht der Liebe zu aktivieren. Das magentafarbene Licht der Quelle wird nun in deinem Herzen von einem zarten und zugleich kraftvollen rosa Licht durchzogen. Genieße die Liebe mit deinem ganzen Sein. Jetzt bitte diese Energie, über dein Herz in deinen Brustkorb zu fließen und von deinem Brustkorb in deine Oberarme, deine Unter-

arme, deine Hände. Diese wundervolle Schwingung der Liebe fließt in deine Fingerspitzen und aus deinen Fingerspitzen hinaus. Energetisiere mit dieser Energie, die jetzt aus deinen Fingerspitzen fließt, deinen Ritualplatz, indem du den Kreis mit dem Licht aus deinen Fingerspitzen nachziehst. Berühre mit deinen Fingerspitzen den Stuhl, die Wasserschale und das Wasser. Setze dich in den Kreis, sodass deine Finger mühelos das Wasser in der Schale berühren können. Tauche deine Finger der linken Hand in das Wasser, und berühre dann damit dein Kronenchakra, das auf deinem Scheitel liegt. Sprich laut folgende Worte: *»Ich nehme meine Macht der Liebe wieder an und höre meiner Seele zu. Ich bin bereit, mich von den göttlichen Ebenen leiten, führen und mir helfen zu lassen.«*

Tauche deine Finger in das Wasser, halte deine Fingerspitzen an dein Drittes Auge zwischen deinen Augenbrauen, und sprich: *»Ich bin bereit, mit den Augen der liebenden Macht mich selbst und meine Mitmenschen zu sehen in Mitgefühl und Liebe.«*

Tauche deine Finger erneut in das Wasser, berühre dein Halschakra, und sage: *»Ich bin bereit, von der liebenden Macht durchdrungen zu werden, meine Wahrheit auszusprechen in Mitgefühl und Liebe.«*

Tauche deine Finger in das Wasser, halte deine Fingerspitzen an dein Herz, und sprich laut: *»Mit dieser Berührung meines Herzens öffne ich mich der Macht der Liebe in mir und gebe mich ihr mit ganzem Herzen hin.«* Spüre, wie du dich vollkommen der Liebe hingibst und diese Liebe dich bedingungslos annimmt und mit Freude und Kraft erfüllt.

Tauche deine Finger in das Wasser, berühre dann dein Solarplexuschakra, und bitte die Macht der Liebe: *»Bitte stärke* *mein Urvertrauen, erfülle mich, ich vertraue der Macht der Liebe in mir.«* Nimm dir Zeit, diese Energie in dir wahrzunehmen.

Dann benetze deine Finger erneut mit dem Wasser, und lege sie auf dein Sakralchakra eine Handbreit unter deinem Bauchnabel. Sprich dabei folgenden Satz: *»Ich bin bereit, meine Kreativität, meine Sexualität und mein Empfangen mit der Macht der Liebe zu durchfluten und meine Handlungen von ihr leiten zu lassen.«*

Befeuchte deine Finger erneut, und berühre sanft dein Basischakra, das zwischen den Genitalien und dem Anus liegt, mit folgenden Worten: *»Macht der Liebe, leite meine Schritte, ich verbinde die Liebe, die ich bin, mit der Liebe von Mutter Erde.«* Stelle dir nun vor, wie aus deinem Basischakra die Liebe in Mutter Erde fließt, und lasse sie bis zu ihrem Herzen fließen. Stelle dir vor, wie Mutter Erde dir im Gegenzug ihre Liebe sendet, und lasse sie über dein Basischakra, dein Sakralchakra, dein Solarplexuschakra und dein Herzchakra in dein Herz fließen. Komme ganz in deinem Herzen an, und danke der liebenden Macht, Mutter Erde und auch dir für diese heiligen Momente der Verbindung. Tritt ganz bewusst aus deinem Ritualkreis heraus, in dem Bewusstsein, dass das Ritual nun beendet ist.

HEILREISE

Atme in dein Herz hinein, und komme ganz in ihm an. Schließe die Augen, und bitte dein Höheres Selbst, das du auch selbst bist, um vollkommene Führung. Nimm wahr, wie sich ein goldenes Licht der Liebe, der Unterstützung und der Führung in deinem Energiefeld und in deinem Körper ausbreitet, dich stärkt und unterstützt.

Stelle dir vor, du stehst vor einer wunderschönen Wendeltreppe, die perlmuttfarben schimmert. Diese Wendeltreppe hat genau zehn Stufen, die dich in deine Herzenskammer hinabführen. Gehe ganz achtsam in deiner Zeit Stufe für Stufe hinab in dem Bewusstsein, dass jede Stufe dich tiefer in dein spirituelles Bewusstsein trägt. Von der untersten Stufe aus kannst du in einen wundervollen smaragdgrünen Raum blicken, der mit Gold durchwoben ist. Es ist deine Herzenskammer, und sie zieht dich mit ihrer heilsamen Ausstrahlung, ihrer weichen, liebenden Kraft wie magisch an. Gehe jetzt bewusst den letzten Schritt in diesen Raum, und nimm den Boden, die nährende Unterstützung und die zauberhafte Energie wahr. Deine Hüterin des Herzens kommt auf dich zu, sie wird dich heute unterstützen, deine liebende Macht wieder zu aktivieren, anzunehmen und zu leben. Sie führt dich zu einer Tür, die von deiner Herzenskammer abgeht. Auf dieser Tür steht »Liebende Macht«. Öffne diese Tür, und schreite hindurch.

Du befindest dich nun in einem wundervollen goldenen Raum, der rosa schimmert. In diesem Raum gibt es einen Sessel, der dich einlädt, auf ihm Platz zu nehmen. Du gehst auf ihn zu und setzt dich. Du spürst, wie er dich trägt und wie sicher und geborgen du dich jetzt fühlst. Du sitzt in deinem Sessel, und du spürst die Kraft der Liebe. Die Hüterin deines Herzens steht hinter dir, ihre Hände liegen als liebevolle Unterstützung auf deinen Schultern, und du schaust auf einen Vorhang, hinter dem eine Leinwand verborgen ist. Spüre die Verbindung zu deiner Hüterin des Herzens, und bitte dein Höheres Selbst um vollkommene Führung. Wenn du dich unterstützt und sicher fühlst, gib dem Vorhang die Erlaubnis, sich zu öffnen. Dir zeigt sich jetzt ein Anteil von dir, der seine liebende Macht durch ein Ereignis, einen Schock, durch eine Situation aus deiner Vergangenheit abgegeben hat. Frage dich, was du damals gebraucht hättest, um diese liebende Macht in dir zu behalten. Hat dir Unterstützung, Mutter- oder Vaterliebe, Mut, Selbstwert oder Selbstliebe gefehlt? Was auch immer es sein mag, bitte die Quelle des Urweiblichen genau um diese Energie, und sie wird dir sofort gegeben.

Erfülle jetzt den Anteil von dir, den du auf der Leinwand gesehen hast, indem du über eine Regenbogenlichtbrücke aus deinem Herzen alle wundervollen Energien in ihn fließen lässt. Schaue zu, wie sich die Energie in diesem Anteil ausbreitet. Mit dieser liebenden Kraft, die du gesendet hast, kommt dieser Teil von dir in Harmonie und in Liebe. Spüre den Frieden, und sage jetzt laut:

»Mein göttliches Höheres Selbst, bitte heile alle Situationen, alle Schocks, alle Traumata, alle dunklen Geschichten in mir, die ihren Ursprung in dieser Situation hatten, in alle Richtungen der Zeit, auf allen Ebenen. Hole alle Anteile von mir zurück, die sich auf meiner Leinwand zeigten. Reinige sie, lade sie mit der Macht der Liebe auf, und dann integriere sie wieder in mir. Ich danke dir.«

Lasse dir eine Weile Zeit für diesen heilsamen Moment. Hast du das Gefühl, du möchtest einen weiteren Anteil und eine weitere Situation in Frieden und in Liebe bringen, wiederhole die Übung. Fühlst du dich bereits aufgeladen und spürst du die liebende Macht in dir, danke diesem Raum, der liebenden Macht und all deiner geistigen Unterstützung. Gehe nun mit der Hüterin deines Herzens zurück in deine Herzenskammer, verabschiede dich bei ihr, und steige die zehn Stufen der Wendeltreppe in dem Bewusstsein hinauf, dass jede Stufe dich immer mehr in das Wachbewusstsein trägt. Wenn du die oberste Stufe erreicht hast, kommst du wieder ganz im Hier und Jetzt an und öffnest deine Augen.

Spüre das Wesen der weiblichen Urkraft und ihre Unterstützung

Die weibliche Quelle der Liebe, Güte und Kraft wohnt in jedem von uns. Sie ist auch voller Freude, Kraft, Inspiration und Kreativität. Sie kann wild um das heilige Feuer deines Lebens tanzen. Du spürst sie, wenn du ausgelassen, frei und glücklich bist. Sie passt sich nicht an, sondern findet ihren Ausdruck in deiner Einzigartigkeit. Mit ihrem Temperament kannst du das Leben spüren. Die weibliche Urkraft zelebriert durch dich und mit dir die Rituale, die eng verbunden sind mit Mutter Erde, denn sie kennt ihre Kraft und ist eng mit ihr verbunden. Was auch immer in deinem Leben geschehen mag, welche Aufgaben du zu bewältigen hast, diese Kraft ist immer an deiner Seite.

Verbinde dich mit Mutter Erde und der Urkraft
deiner Weiblichkeit, und tanze.
Gib der Freude, der Ausgelassenheit in deinem Leben Raum.
Im Tanz wirst du spüren, welche Kostbarkeit in dir schlummert.

Du kannst dich der weiblichen Urkraft in dir öffnen, indem du dich in deine Herzensenergie begibst. Die Schwingung deines Herzens ist die Schwingung, in der du diese kraftvolle Energie wahrnehmen kannst. Das Wesen der weiblichen Urkraft hat viele Facetten, und die Freude am Leben, die Verbindung zu Mutter Erde und ihre wilde Ausgelassenheit wollen auch durch dich gelebt werden. Das wahre weibliche Prinzip, das hier wirkt, wird dich in allem unterstützen, was eine liebevolle Intension hat. Es arbeitet mit unserer Seele zusammen und ist bestrebt, in vollkommener Harmonie zu fließen.

Das Prinzip von Gewinnen und Verlieren ist unserer Seele fremd. Die Schwingung der Liebe bezieht alle mit ein. Sie wird dich mit deinem Mut verbinden, deine Überzeugungen zu kommunizieren und zu leben. Auch wenn dein Umfeld nicht deiner Meinung ist. Die Kraft der Urweiblichkeit wird dich darin bestärken, ein klares Nein auszusprechen, wenn es in deinem Herzen entsteht, und das ohne ein schlechtes Gewissen. Du darfst dein Leben so gestalten, wie es sich für dich richtig und gut anfühlt, auch wenn andere es nicht gutheißen.

Deine Seele hat einen Plan, den sie verfolgt.
Alles, was in deinem Leben geschieht, gehört zu diesem Plan.
Deine Seele hat sich bestimmte Entwicklungsschritte vorgenommen,
und wie du diese erreichst, liegt in deinen Händen.

Hörst du auf dein Herz, auf die urweibliche Kraft, kann dein Weg ein Abenteuer der Liebe sein.
Leider hören wir zu oft auf unseren Verstand. In ihm sind alle unsere Erfahrungen gespeichert, und neue Wege sind ihm fremd. Unser Verstand ist eigentlich dazu gemacht, dem Herzen zu folgen und zu dienen. Das ist jedoch in Vergessenheit geraten, oder wir haben einfach Angst davor.
Und dann gibt es noch unser niederes Selbst, das gern das Sagen haben möchte. Dieser Anteil ist nicht der intelligenteste in unserem Energiesystem, und ihm ist egal, was unser Herz möchte.
Die weibliche Urkraft unterwirft sich nicht, sondern verfügt über emotionale Intelligenz, die andere Meinungen zulässt, ohne die eigene zu verneinen.
Das Wesen der weiblichen Urkraft in dir dient der Harmonie und dem Weg, der für alle Beteiligten gut ist.

In der heutigen Zeit des Wandels und der Energieerhöhung, in der sich unsere Welt befindet, geht es darum, unserem Herzen zu folgen, unser Bewusstsein zu erhöhen und materielle Dinge unseren Herzenswünschen unterzuordnen.
Verbinde dich mit dem Mut, der Sanftmut, der Kraft und der bedingungslosen Liebe der weiblichen Urkraft in dir, empfange diese Gaben, und lebe sie. Tanze den Tanz deines Lebens, deine Freude und deine wilde Ausgelassenheit segnen diese Welt.

Worte der weiblichen Urkraft

*»Mein göttliches Höheres Selbst,
führe mich in mein Herz. Ich öffne mich der
Unterstützung der weiblichen Urkraft in mir,
ich gebe ihr die Erlaubnis, mich in Liebe zu führen
und mich mit ihrer Kraft, Freude und Güte zu erfüllen.«*

RITUAL

Für dieses Ritual benötigst du:

- Rosenblätter
- 1 Kerze
- 1 Feuerzeug
- Musik, die dich entspannt
- Musik, zu der du gern tanzt

Schaffe dir einen Platz, an dem du ungestört liegen kannst. Lege Rosenblätter um diesen Platz aus. Mache dir eine Musik an, bei der du gut entspannen kannst. Harmonische Musik öffnet den Geist und unterstützt dich dabei, in dein spirituelles Bewusstsein einzutauchen. Stelle eine Kerze in Sichtweite zu deinem Platz auf.

Zur Reinigung stelle dir vor, du stehst unter einem Wasserfall aus weißem und magentafarbenem Wasser, Tausende kleine, glitzernde Wassertropfen fließen sanft und liebevoll in deinen Körper und in dein Energiefeld. Nimm wahr, wie jeder dieser Tropfen voller Freude und Liebe für dich ist. Zelle für Zelle nimmt dein Körper dankbar diese Liebe und das Glück in sich auf. Alle Negativität, die in deinen Gedanken, in deinem Körper und in deinem Energiefeld vorhanden ist, fließt als graue Flüssigkeit aus deinem Körper und deinem Energiefeld hinaus. Stelle dir vor, wie diese graue Energie über deine Fußsohlen in Mutter Erde hereinfließt. Lasse dir Zeit, bis du vollkommenen mit Glück und Liebe aufgeladen bist und jegliches Grau aus deinem Sein verschwunden ist. Danke dem Wasserfall, und danke Mutter Erde für ihre Unterstützung und Liebe für dich.

Stehe nun auf, und zünde deine Kerze an. Mache dir bewusst, dass das Licht, das du entzündest, ein Zeichen dafür ist, dass du jetzt ganz bewusst mit der weiblichen Urkraft in Verbindung gehst. Schaue in die Flamme, behalte ihr Bild in dir, und schließe die Augen. Das Licht der Flamme befindet sich nun vor deinem geistigen Auge. Lasse mit deiner Vorstellungskraft das Licht durch deinen ganzen Körper wandern, bis dein gesamter Körper erleuchtet ist. Über deine Poren fließt das Licht jetzt in dein komplettes Energiefeld. Genieße dieses Licht, und stelle dir vor, wie es über dich hinaus weiter in die ganze Welt fließt. Atme tief ein und aus, und beim Ausatmen ist deine Aufmerksamkeit wieder ganz bei dir. Öffne deine Augen. Nimm die Kerze, und umkreise jetzt deinen Ritualplatz drei Mal mit langsamen, achtsamen Schritten. Denke oder sprich die Wörter *»Liebe«* und *»Dankbarkeit«*. Diese beiden Wörter, so einfach sie auch scheinen, haben eine sehr hohe Schwingung, und du energetisierst mit ihnen deinen Platz. Du erschaffst dir damit einen heiligen Raum, in dem du der weiblichen Urkraft begegnen wirst.

Stelle nun die Kerze wieder für dich gut sichtbar hin. Nun lege dich auf deinen Ritualplatz. Deine Hände befinden sich auf deinem Herzchakra, und du spürst die Wärme deines Herzens. Nun sprich laut oder leise, so, wie es für dich richtig ist: *»Ich bin bereit, die weibliche Urkraft wahrzunehmen und mit ihr in Kontakt zu treten.«* Stelle dir vor, wie sich ein magentafarbenes Licht in deinem Herzen ausbreitet. Lasse es durch dich fließen. Das Licht erfüllt jede Zelle deines Seins mit Liebe, Geborgenheit und Güte. Entspanne dich, so gut du kannst, und fühle, wie dieser nährende Fluss dich zur Ruhe kommen lässt. Vertrauen, Geborgenheit und das Gefühl, geliebt zu sein, breiten sich in deinem Herzen aus.

Genieße diese wundervollen Energien, bis du ganz davon erfüllt bist. Danke der weiblichen Urkraft, und stehe wieder auf, wenn es sich für dich richtig anfühlt.

Mache dir jetzt Musik an, zu der du gern tanzt. Bewege dich so, wie es sich für dich gut anfühlt. Spüre ganz bewusst deine urweibliche Kraft in dir, und lasse sie die Führung übernehmen. Nimm ihre Kraft, Freude und Freiheit in dir wahr. Tanze so lange, bis du das Gefühl hast, du bist mit Freude und Kraft erfüllt.

Lege dich erneut auf deinen Platz, und lasse die Energie so lange fließen, bis du das Gefühl hast, du bist in Harmonie. Dann stehe auf, und gehe mit deiner Kerze drei Mal gegen den Uhrzeigersinn um deinen Ritualplatz. Denke oder sprich dabei erneut die Wörter *»Liebe«* und *»Dankbarkeit«*. So löst du den heiligen Raum für heute wieder auf. Puste die Kerze nicht aus, sondern mache sie mit der Hand aus, oder benutze einen Kerzenlöscher. Da unser Atem unsere Schwingung trägt, sollten wir im Ritual kein Licht mit ihm löschen. Genieße nun deinen Tag.

HEILREISE

Suche dir zuerst einen Ort, an dem du ungestört mental reisen kannst. Atme dann in dein Herz hinein, und komme ganz in diesem an. Schließe die Augen, und bitte nun dein Höheres Selbst um vollkommene Führung.

Das goldene Licht deines Höheren Selbst breitet sich in dir aus. Es fließt zu deinem Solarplexus und stärkt dort dein Urvertrauen. Dann fließt es weiter in dein Kronenchakra und stärkt deine Verbindung zu höheren Ebenen. Lasse zu, dass dein Höheres Selbst dich vollkommen mit seinem goldenen Licht auflädt. Stelle dir nun eine wunderschöne perlmuttfarbene Wendeltreppe vor. Diese Wendeltreppe hat genau zehn Stufen, die dich in deine Herzenskammer führen. Gehe diese zehn Stufen in dem Bewusstsein hinab, dass dich jede Stufe, die du gehst, tiefer in dein spirituelles Bewusstsein führt.

Wenn du auf der letzten Stufe angekommen bist, schaust du in einen Raum, der smaragdgrün und mit Gold durchwoben ist. Dieser Raum strahlt Wärme, Geborgenheit und Heilung aus.

Jetzt gehe einen weiteren Schritt in diesen Raum, in deine Herzenskammer, hinein. Die Hüterin deines Herzens, ein Lichtwesen, das seit Anbeginn deiner Zeit an deiner Seite ist, kommt mit liebevollem Blick auf dich zu. Du fühlst Vertrauen in und Liebe für sie. Sie sagt zu dir: »Seit Anbeginn deiner Zeit bin ich an deiner Seite, nichts, was du jemals gesagt oder getan hast, kann mich dazu verleiten, nur einen Millimeter von dir abzurücken. Ich bin immer da und diene dir in allen Herzensangelegenheiten. Heute ist ein besonderer Tag für dich, denn ich zeige dir einen speziellen Raum, der von deiner Herzenskammer abgeht, einen Raum, in dem du die Quelle der urweiblichen Kraft treffen kannst.«

Die Hüterin deines Herzens nimmt dich an die Hand. Während sie dich zu einer Tür führt, spürst du ihre Liebe, ihre Wärme und die Geborgenheit, die sie dir vermittelt. Die Hüterin deines Herzens spricht: »Hinter dieser Tür findest du einen magentafarbenen Raum voller Liebe, Güte, Kraft, Geborgenheit und Urvertrauen für dich.« Öffne jetzt die Tür, und schreite hindurch in deinen Raum, der erfüllt ist von einem magentafarbenen Licht. Nimm dieses Licht, diese hohe Schwingung der Liebe, der Geborgenheit, der Kraft, der Güte und des Urvertrauens in dich auf. Nimm wahr, wie Schwere, Sorgen, alle Negativität des Alltags einfach von dir abfallen und du dich getragen und sicher fühlst.
Und jetzt siehst du in der Mitte dieses Raumes einen wunderschönen Thron. Dieser Thron wartet auf dich. Gehe zu ihm, und setze dich darauf. Er ist nur für dich gemacht, er hält und er trägt dich. Lege deine Hände auf dein Herz, und spüre, wie dieses magentafarbene Licht in deinem Herzen pulsiert. Du kannst die Quelle in dir spüren, die Quelle der weiblichen Urkraft ist in deinem Herzen. Denke an all die Situationen, in denen du ihre Unterstützung gebrauchen kannst. Dann stelle dir vor, wie das Licht der urweiblichen Quelle durch dich fließt und seine Kraft die Situation ins Positive wandelt. Stelle dir vor, wie die Kraft dich in deinem Alltag unterstützt. Sie pulsiert in deinem Herzen. Du bist in Ruhe, in deiner Mitte, und du siehst und nimmst wahr, wie auch dein ganzes Umfeld zur Ruhe und in Harmonie kommt. Dein Herz wird von dieser Quelle der weiblichen Urkraft genährt und öffnet sich wie eine Rose. Diese Rose strahlt in ihr ganzes Umfeld Liebe, Güte und Geborgenheit aus. So nährst du aus deinem Herzen dein Umfeld und die Welt.
Stehe nun auf, und tanze in wilder, freudiger Ausgelassenheit um diesen Thron herum. Spüre, wie Stärke und Freude dich erfüllen. Tanze so lange, wie es für dich richtig ist.

Dann atme ein paarmal tief ein und aus. Schaue dich noch einmal in diesem schönen Raum um in dem Bewusstsein, dass du ihn jederzeit nutzen kannst.
Gehe dann zu der Tür, die dich zurück in deine Herzenskammer führt. Öffne sie, tritt hindurch, verabschiede dich von der Hüterin deines Herzens, und gehe dann die zehn Stufen deiner Treppe wieder in dem Bewusstsein hinauf, dass dich jede Stufe, die du gehst, immer mehr in dein Wachbewusstsein führt. Komme zurück ins Hier und Jetzt, öffne die Augen, und genieße den Tag. Erinnere dich selbst mehrmals täglich daran, welche Blume in deinem Herzen blüht.

Erkenne die weibliche Urkraft in Mutter Erde

Einen Teil dieses Kapitels schreibe ich, während ich an einem Baum in meinem Lieblingswald lehne. Ich bin verbunden mit Mutter Erde und spüre ihre Energie. Ich sende ihr meine Dankbarkeit und nehme wahr, wie ihre Liebe zu mir strömt.
Ein Teil der weiblichen Urkraft stammt aus unserer Mutter Erde. Die meisten Naturvölker wissen, dass Mutter Erde ein Wesen mit eigenen Gefühlen und einem Herzen tief im Inneren ihres Seins ist. Leider haben die Industrieländer die Verbindung zu ihr im Laufe der Zeit verloren. Die Ausbeutung von Mutter Erde, die Verschmutzung der Seen, Flüsse und Meere sind für mich ein Sinnbild dafür, dass wir nicht begreifen, dass sie ein wunderschönes Lebewesen ist. Die Gewässer, die im großen Stil verunreinigt werden, könnten wir als Spiegelbild unserer Gefühle sehen. Wasser steht als Symbol für die Gefühlsebene, und der Umgang damit zeigt, wie die Menschen zu ihren eigenen Gefühlen stehen. »Wie innen, so außen«, sagt das Urweibliche.

Es ist höchste Zeit, dass die Menschheit erkennt, das Mutter Erde ein liebendes Wesen ist, das uns alles schenkt, was es besitzt. Ohne sie können wir nicht leben. Sie schenkt uns den Ort, an dem wir wohnen, das Wasser, das wir trinken, die Nahrung, die wir essen, die Luft, die wir atmen, und vieles mehr. Bedingungslos gibt sie uns alles, damit wir hier auf Erden leben können.

Öffnest du dich dem urweiblichen Prinzip in dir, so gehört Mutter Erde dazu. Sie schenkt der weiblichen Urkraft Vitalität, Nahrung, Freude und Schönheit.

Meine Verbindung zu Mutter Erde habe ich durch das heilige Schwitzhüttenritual wiedergefunden. In diesem Ritual sitzt du auf Mutter Erde in einer Hütte aus Weidengeflecht, die mit Decken bedeckt ist, damit die Wärme in der Hütte bleibt. Es ist ein geschlossener heiliger Raum. In der Mitte der Hütte wird ein Loch gegraben, in das heiße Steine gelegt werden, die am heiligen Feuer außerhalb der Hütte erhitzt worden sind. Die heißen Steine werden dann in der Hütte mit Wasser übergossen, und der aufsteigende Dampf und die Wärme ermöglichen eine kraftvolle Reinigung auf allen Ebenen. Gebete und Gesänge, die das Ritual begleiten, wirken ebenfalls auf allen Ebenen heilsam. Während eines solchen Rituals habe ich vor vielen Jahren das erste Mal den Herzschlag von Mutter Erde gefühlt. Für die Indianer Nordamerikas symbolisiert dieses Ritual Reinigung, Heilung und Neugeburt.

Du brauchst dieses Ritual nicht, um zu erkennen, wie viel Schönheit, Liebe, Nahrung und Zuwendung dir Mutter Erde schenkt. Doch wenn wir uns darauf einlassen und auf Mutter Erde sitzen, können wir wahrnehmen, wie sie uns trägt, wie uns die Steine als kraftspendende Wesen unterstützen und uns das Wasser als reinigende Kraft zur Seite steht. Dann können wir erahnen, wie eng verbunden die Naturvölker mit der Großen Mutter leben. Sie lässt aus Liebe für uns heilende Kräuter wachsen. Öffnest du dich der Kraft der Großen Mutter, wird sie dich noch mehr nähren und mit ihrer Liebe und Vitalität unterstützen. Einige Indianer Nordamerikas, z. B. die Pueblo Indianer in New Mexico, gehen davon aus, dass sie aus der Erde kommen. Für sie ist die Große Mutter die größte Kraft, und sie ehren und achten sie in all ihren Ritualen. Werde dir bewusst, wie kostbar Mutter Erde mit all ihren Schätzen für dich und dein Leben ist.

Worte der weiblichen Urkraft

»Dankbar und achtsam lebe ich
auf und mit Mutter Erde,
die mich trägt, nährt und liebt.«

RITUAL

Nimm dir für dieses Ritual Zeit, in die Natur zu gehen. Wenn du einen Ort im Freien gefunden hast, an dem du ganz in Ruhe dein Ritual durchführen kannst, verbinde dich mit der Natur.

Sage dazu laut: *»Ich verbinde die Liebe, die mich erschuf und erhält, mit der Liebe, die diesen Ort erschuf und erhält. Ich verbinde mich mit der gesamten Natur und allen feinstofflichen und grobstofflichen Wesen. Ich sehe euch mit meinem Herzen, ich liebe euch, ich segne euch, und ich danke euch.«*

Und dann atme ein paarmal tief ein und aus, und betrachte erneut die Natur, die dich umgibt. Sie wird sich dir öffnen.

Um Mutter Erde für all das, was sie dir schenkt, zu danken, gehe ein Stück, und denke währenddessen bei jedem Schritt: »Liebe und Dankbarkeit.« Stelle dir dabei vor, wie Liebe und Dankbarkeit über deine Fußsohlen in Mutter Erde fließen.

Suche dir einen Baum, an dessen Wurzeln du dich niederlassen kannst.

Bevor du dich hinsetzt, verbinde dich mit dem Baum von Herz zu Herz, gehe ganz langsam und achtsam auf ihn zu, und danke ihm, dass er dir heute diesen Platz schenkt.

Jetzt setze dich mit dem Rücken an den Baumstamm gelehnt auf seine Wurzeln.

Schließe die Augen, und lasse in deiner Vorstellung lange Wurzeln aus deinen Fußsohlen in Mutter Erde wachsen. Lasse sie durch all ihre Schichten wachsen, bis du an ihrem rubinroten Herz angekommen bist.
Das rubinrote Licht daraus sendet sie dir über deine Wurzeln in deine Füße, deine Beine und in deinen Unterleib. Lasse die Energie durch deinen gesamten Körper fließen, und nimm sie in dich auf.
Lasse jetzt diese Kraft über dein Kronenchakra in den Stamm des Baumes fließen. Stelle dir vor, dass das rubinrote Licht den Stamm hinauf und darüber hinaus bis zur Sonne fließt.
Die Sonne antwortet dir, indem auch sie ihr Licht zu dir schickt. Du lässt das Licht der Sonne durch dein Kronenchakra erst in dich hinein und dann weiter in Mutter Erde fließen. Du bist die Verbindung zwischen Himmel und Erde. Jetzt atme in dein Herz hinein, spüre die beiden Energien in deinem Herzen, und lasse dich von ihnen nähren. Und wenn du ganz aufgeladen bist, stelle dir vor, dass die Wurzeln wieder zurück in deine Fußsohlen wandern. Danke Mutter Erde, danke der Sonne, danke dem Baum, öffne die Augen, und genieße deinen Tag.

HEILREISE

Atme tief in dein Herz hinein, und komme ganz in diesem an. Bitte die urweibliche Kraft in deinem Herzen um Unterstützung. Spüre in dein Herz hinein, und nimm wahr, wie die heilsame Kraft der Urweiblichkeit dir Ruhe, Vertrauen und Kraft schenkt. Schließe die Augen, und stelle dir vor, du stehst auf einer wunderschönen Wiese. Die Sonne scheint, und während ihre Strahlen dich wärmen, fühlst du Mutter Erde unter deinen Füßen, die dich trägt. Nicht weit von dir entfernt siehst du jetzt einen großen Berg, der dich wie magisch anzieht. Spüre die Kraft in deinem Herzen, und gehe ganz in deiner Zeit auf den Berg zu. Dort angekommen, siehst du zwei Wächter, die den Eingang in den Berg bewachen. Jeder von ihnen trägt eine Fackel in der Hand. Du gehst auf sie zu, und sie begrüßen dich herzlich. »Wir haben schon auf dich gewartet«, sagt einer der beiden und reicht dir seine Fackel. »Mutter Erde freut sich, dass du heute Kontakt mit ihr aufnehmen möchtest. Lasse dich von deinem Herzen leiten.«

Bedanke dich bei den Wächtern, und gehe in den Berg hinein. Die Fackel erleuchtet das Innere des Berges. Du stehst jetzt in einer riesigen Bergkristallhöhle, und du spürst die Energie der Kristalle, die dir Klarheit und Reinigung schenken. Bleibe so lange hier in dieser Höhle, bis du dich gereinigt und ganz klar fühlst.

Dann gehst du weiter ins Innere des Berges. Du gelangst in einen großen Raum, der wie eine Kathedrale wirkt. In ihm siehst du einen See, einen großen Baum und viele wunderschöne Pflanzen, die du nicht alle kennst. Der Raum ist erfüllt von betörendem Blumenduft. Deine Aufmerksamkeit richtet sich auf den Baum inmitten dieser großen Höhle. Du gehst auf ihn zu und steckst deine Fackel in den Boden.

Die Wurzeln des Baumes sind groß, stark und mit Moos bewachsen. Du bemerkst, dass es zwischen den Wurzeln einen Platz gibt, der so groß ist, dass du dich dort hinlegen kannst. Lege dich in dieses Moosbett, das dich weich und liebevoll trägt, lege deine Hände auf die wunderschönen Wurzeln, und spüre die Kraft des Baumes.

Du spürst eine liebende Kraft, die aus der Erde kommt, es ist eine urweibliche Kraft. Du fühlst dich geborgen, getragen, gestärkt und geliebt. Die Wurzeln werden zu den Armen der Urmutter, die dich sanft und liebevoll halten. Das Moosbett wird zu ihrem Körper, der dich wärmt und trägt. Sie hält dich, umarmt dich und schenkt dir Kraft und Geborgenheit. Genieße das Getragensein.

Wenn du ganz mit ihrer Kraft aufgeladen bist, danke der Urmutter, und stehe auf.

Die Arme, die dich eben noch liebevoll umschlungen haben, werden wieder zu den Wurzeln des Baumes.

Du spürst: Alles ist die Urmutter. Jeder Blumenduft, jeder Windhauch, jedes Blatt, jeder Baum. Wir sind immer umgeben von ihr und müssen es nur erkennen.

Danke diesem Ort, danke der Urmutter, und gehe durch die Kristallhöhle wieder zum Ausgang des Berges. Die Wächter grüßen dich und nehmen die Fackel wieder entgegen.

Atme ein paarmal tief ein und aus, komme zurück ins Hier und Jetzt, öffne die Augen, und genieße deinen Tag auf Mutter Erde.

Die weibliche Kraft hilft dir, Seelenbotschaften zu empfangen

Ein Prinzip des Urweiblichen ist das Empfangen. Die Frau empfängt die Samen des Mannes und stellt ihr Innerstes zur Verfügung, um geschützt, genährt und behütet das neue Leben in sich heranwachsen zu lassen. Die Empfängnis ist das kostbarste Geschenk, das es auf unserem Planeten gibt. Ohne die Hingabe an neues Leben und das Bedürfnis, es in Liebe zu halten, zu schützen und entstehen zu lassen, wäre kein Leben möglich. Die Frau mit ihrer urweiblichen Energie teilt alles, ihr ganzes Sein, mit dieser neuen Frucht in ihrem Körper. In vielen Urvölkern wird diese Tatsache so wertgeschätzt, dass den Frauen aus Dankbarkeit die Führung des Stammes anvertraut wird. Sie werden verehrt und geachtet. Für diese Völker waren und sind Kinder das kostbarste Gut, denn sie sichern die Zukunft.

Das Urweibliche hat die Gabe der Weitsicht. Sie beobachtet das Geschehen und empfängt aus dem Energiefeld ihres Umfeldes, welche Schritte nötig sind, um Harmonie für alle Beteiligten zu kreieren. Die Antennen ihres Bewusstseins sind weit ausgefahren, und sie empfängt das Wissen, welche Schritte und Taten sich in der Zukunft positiv zum Wohle aller Beteiligten auswirken. Es ist ihre Herzensweisheit, von der sie sich führen lässt. Sie lässt sich von der Liebe zu jedem und allem leiten.

In unserer schnelllebigen Welt, die mehr vom männlichen Prinzip bestimmt ist, werden Entscheidungen eher aus dem Verstand heraus und ohne Weitsicht getroffen. Das hat zur Folge, dass unsere Welt mit vielen Problemen konfrontiert ist, die daraus entstanden sind, dass bei Entscheidungen und Projekten zu kurzfristig gedacht und eventuelle Auswirkungen auf die Zukunft nicht miteinbezogen wurden. Wir brauchen uns nur unseren Müll wie Plastik und Chemikalien anzusehen, die jetzt großen Schaden anrichten.

Jeder Mensch, ob Mann oder Frau, kann sich mit der urweiblichen Kraft in sich verbinden. Das Weibliche wie das Männliche sind in uns allen angelegt.

Entscheiden wir aus dem Herzen, wird das Urweibliche uns leiten. Wir können aber nur in der Entspannung empfangen, daher ist es wichtig, aus dem Kopf ins Herz und in die Entspannung zu kommen, bevor wir wichtige Entscheidungen treffen.
Das Urweibliche sagt: *»Lasse dich von deiner Herzensweisheit führen, und gib deinem Verstand den Auftrag, deine Ideen in die Tat umzusetzen.«*
Die meisten von uns sind von Generationen erzogen worden, in denen es verpönt war, dem Herzen zu folgen. Es ist wundervoll, dass wir jetzt in der Zeit des Wandels leben und für uns eine neue Entscheidung zugunsten unseres Herzens treffen können.
Viele junge Menschen leben bereits mit dem Bewusstsein, ihren Konsum und ihr Verhalten auf ethische Grundlagen hin zu überdenken und die Natur dabei zu schützen. Sie entscheiden sich für einen bestimmten Beruf nicht nur des Geldes wegen, sondern berücksichtigen, was ihnen Freude bereitet und dem Wohle der Menschheit und Mutter Erde dient.

Auch Ideen, Projekte, Erfindungen, Lösungen können durch das urweibliche Prinzip in uns empfangen werden. Unsere Intuition ist eine Kraft des Empfangens. Sie kann durch uns fließen, und wir erlangen durch sie Einsichten, haben einen Zugang zu Bereichen des Wissens, die über den bewussten Verstand hinausreichen. Wir können die Intuition auch unser Bauchgefühl und die Sprache unseres Herzens nennen. Brauchen wir eine Idee oder möchten die nächsten Schritte wissen, die uns in ein erfülltes und harmonisches Leben führen, dann ist diese empfangene Kraft wichtig. Unser bewusster Verstand hat seine Grenzen und dreht sich gern im Kreis.

Wenn wir mit unserer Intuition verbunden sind und ein inneres Wissen empfangen, geht unsere Weisheit weit über unseren Verstand hinaus. Die Intuition ist mit dem Gesamtbewusstsein, das mit allen Wesen auf diesem Planeten verbunden ist, vernetzt und empfängt, wie sich eine Situation zum Wohle aller gestalten kann.

Auch höhere Ebenen von dir, in denen deine Schöpferkraft und Seelenkraft wohnen, sind in diesem Gesamtbewusstsein verankert und senden ihrerseits Botschaften, die dich unterstützen können, wenn du sie empfängst.
Ich empfange Botschaften meiner Seele oft in meinen Träumen. Ich träume eine Situation, die ich dann später erlebe. Und wenn die Situation im Traum negativ verlaufen ist, verändere ich mein Verhalten in der Realität, damit ich die bestmögliche Harmonie herstelle.

Das Empfangen funktioniert aber nur in der Entspannung. Bist du angespannt, bist du automatisch im Verstand. Und dein Verstand hat keine neuen Ideen, sondern nährt sich aus all dem, was du jemals erfahren hast, und bietet dir daher nur bekannte Lösungen an.
Im Volksmund gibt es den Spruch: Schlafe eine Nacht darüber. Das ist ein wunderbarer Tipp. Eine Entscheidung, die sich harmonisch und positiv auswirken soll, solltest du in Ruhe treffen und zu

einem Zeitpunkt, an dem du tiefere Einsichten empfangen kannst. Bitte die urweibliche Kraft in dir um Hilfe, sie wird dich unterstützen.

Das Empfangen kannst du üben. Nimm dir immer wieder Zeit für dich, in der du nichts tust, dich nur entspannst – das ist ein Teil des urweiblichen Weges.

Worte der weiblichen Urkraft

»Urweibliche Kraft, die in mir wohnt,
unterstütze mich, leite mich an,
meinen Weg der Liebe und der Harmonie zu gehen.«

RITUAL

Für dieses Ritual benötigst du:

- Steine, Rosenblätter oder 1 langen Wollfaden
- 1 Kerze
- 1 Feuerzeug
- 1 Blatt Papier
- 1 Stift
- eventuell 1 Kompass

Ich empfehle dir, für dieses Ritual mindestens drei Stunden Zeit einzuplanen. Du kannst dir für das Ritual einen Platz in der Natur suchen oder einen schönen Platz in deiner Wohnung gestalten.

Lege dir zuerst einen Kreis aus Steinen, Rosenblättern oder Wolle, in den du dich gut hineinsetzen kannst. Dann entzünde die Kerze, und stelle sie so auf, dass du sie von der Mitte des Kreises aus gut sehen kannst.
Um diese Visionssuche durchzuführen, empfehle ich dir, die Kräfte (Spirits) der verschiedenen Himmelsrichtung anzurufen. Stelle dich dazu als Erstes in den Norden deines Kreises, und sage: »*Spirits des Nordens, Kräfte des Nordens, urweibliche Quelle im Norden, ich lade euch ein in mein Ritual, in mein Herz, in mein Leben. Unterstützt mich, mit Weisheit und Klarheit aus dem Herzen zu handeln.*« Und wenn du möchtest, verneige dich vor ihnen und danke ihnen.
Stelle dich dann in den Osten, und sage: »*Spirits des Ostens, Kräfte des Ostens, urweibliche Quelle im Osten, ich lade euch ein in mein Ritual, in mein Herz, in meine Visionssuche. Unterstützt mich, meinen Neubeginn zu sehen.*« Verneige dich, und danke diesen Kräften.
Dann drehst du dich in den Süden und sagst: »*Spirits des Südens, Kräfte des Südens, urweibliche Quelle im Süden, ich lade euch ein in meine Visionssuche, in mein Herz, in mein Leben. Unterstützt mich bei meinem nächsten Schritt und dabei, meinen Seelenweg zu sehen.*« Verneige dich, und danke diesen Kräften.
Drehe dich als Nächstes in den Westen, und sage: »*Spirits des Westens, Kräfte des Westen, urweibliche Quelle im Westen, ich lade euch ein in meine Visionssuche, in mein Ritual, in mein Leben, in mein Herz. Unterstützt mich dabei, all das loszulassen, was mich hindert, meinen Weg zu gehen.*« Verneige dich, und danke diesen Kräften.
Halte einen Moment inne, und verbinde dich mit Mutter Erde. Danke ihr für den Ort, an dem du lebst, für die Nah-

rung, die sie dir schenkt, für den Atem, der dich am Leben erhält. Dann richte dich an deine Seele und deine Schöpferkraft, und bitte sie darum, Visionen zu erhalten, Antworten zu bekommen.

Verbinde dich nun mit der weiblichen Urkraft in deinem Herzen. Stelle dir vor, wie diese Kraft sich in deinem Herzen ausweitet und in deine Arme und Hände fließt. Aus deinem Zeigefinger strömt jetzt das Licht dieser Kraft. Zeichne mit diesem Licht den Kreis nach, in dem du deine Visionen empfangen möchtest. So schließt du den Energiekreis.

Jetzt kannst du dich in deinen Kreis hineinsetzen. Schaue in die Kerzenflamme. Schließe dann die Augen, und nimm wahr, wie das Licht vor deinem geistigen Auge hell leuchtet. Lasse es bewusst in jede Zelle deines Körpers fließen, und genieße es. Jegliches Grau, jegliche Negativität und alle Zweifel werden durch das Kerzenlicht aufgelöst, und das Licht nimmt Platz in jeder Zelle deines Seins ein. Über deine Poren strahlt dieses Licht jetzt in dein ganzes Energiefeld und in deinen Ritualkreis. Stelle dir vor, wie dieses Licht zur Lichtsäule wird und dir Schutz, Geborgenheit und Unterstützung schenkt.

Atme nun in dein Herz hinein, und versuche, so gut es dir möglich ist, in deinem Herzen zu sein. Jedes Mal, wenn Gedanken kommen, die dich ablenken, schicke sie einfach weg. Du könntest sie in Gedanken auf eine Wolke setzen und davonschweben sehen. Konzentriere dich auf dein Drittes Auge, und atme einfach tief ein und aus. Tritt mit deiner Urweiblichkeit in Kontakt. Du kannst sie dir auch als weibliches Wesen vorstellen. Gehe mit ihr ins Gespräch, sei offen, entspannt, und lasse dir viel Zeit. Kommen Bilder, Worte oder Gefühle in dir hoch, so schreibe sie auf, und deute sie erst später. Wenn dein Verstand dich ablenken will und dir Zweifel kommen, bitte die urweibliche Kraft, dich zurück in dein Herz zu tragen, in deine Mitte, in der du dich wahrnimmst. Verweile in deinem Kreis, bitte um Visionen, Einsichten, bitte um die Führung deiner Seele. Schreibe auf, genieße diese Zeit mit dir, mit deinem Sein und mit der Verbindung zum Urweiblichen. Wenn du fertig bist, steige aus deinem Kreis, und löse das Ritual auf, indem du den Kreis öffnest. Danke allen Beteiligten und auch dir selbst.

HEILREISE

Atme in dein Herz hinein, und komme ganz in ihm an. Schließe die Augen, und bitte dein Höheres Selbst um vollkommene Führung.

Stelle dir vor, wie das goldene Licht deines Höheren Selbst dich ganz erfüllt. Lasse es besonders in deinen Oberbauch zu deinem Solarplexus fließen, hier stärkt es dein Urvertrauen, deine Verbindung zu dir selbst. Lasse das goldene Licht deines Höheren Selbst sich wie einen Mantel um dich herumschmiegen. Du fühlst dich sicher, geborgen und geführt. Atme noch einmal tief ein und aus, und mit dem nächsten Ausatmen stehst du am Ufer eines Sees. Du spürst Mutter Erde unter deinen Füßen. Es ist ein Sommertag. Der sanfte Wind streichelt über deine Haut. Die Sonne wärmt dich, und du schaust auf den See, in dessen Mitte du eine mit Bäumen bewachsene Insel siehst, die dich wie magisch anzieht. Ein kleines Ruderboot liegt am Seeufer. Du gehst zu ihm, lässt es ins Wasser gleiten und setzt dich hinein. Das Boot wird von wunderbar klarem Wasser getragen – du kannst die Steine und den Sand auf dem Grund des Sees sehen. Langsam und ganz leicht gleitet dein Boot über diesen See. Mit jedem Ruderschlag entspannst du dich mehr. Je länger du in diesem Boot über das Wasser gleitest, desto entspannter wirst du und desto mehr kommst du bei dir an. Die Stille und die Klarheit des Sees beruhigen und nähren dich. Diese Stille und Klarheit gehen auf dich über und erreichen dein Innerstes. Jetzt bist du bei der Insel angekommen. Du siehst einen kleinen Strand, der dich einlädt. Du steigst aus dem Boot und ziehst es ans Land. Stelle dich in das warme Wasser, und nimm wahr, wie es deine Füße leicht umspült. Du spürst die Sonne, die deinen Kopf wärmt. Lasse die Kraft der Sonne über deinen Kopf in dich hereinfließen. Stelle dir vor, dass das Sonnenlicht jede Zelle deines Seins reinigt, erhellt und auflädt. Wenn du ganz mit diesem wunderbaren Sonnenlicht aufgeladen bist, beginne, die Insel zu erkunden. Die Bäume, die auf ihr wachsen, sind sehr üppig und stark. Nicht weit entfernt siehst du einen ganz besonderen Baum, er steht im Zentrum der Insel. Dieser große, alte Baum mit seinem riesigen Wurzelwerk zieht dich wie magisch an. Zwischen seinen großen Wurzeln wächst wundervoll samtiges und weiches Moos, das von der Sonne erwärmt ist. Lege dich in dieses Moosbett zwischen den Wurzeln. Verbinde dich mit dem Baum, dem es eine Freude ist, dich an seinem Wurzelwerk zu beherbergen. Aus dem Moos wachsen jetzt schützende, liebend tragende Arme und Hände. Sie halten dich in vollkommener Geborgenheit und Zuwendung. Es ist die Urmutter mit ihrer urweiblichen Liebe für dich. Du spürst ihre Liebe und Energie, und du lässt dich einmal ganz davon aufladen. Wenn du aufgeladen bist, setze dich auf, lehne dich an den Stamm des Baumes, und lege deine Hände auf seine Wurzeln. Fühle die Energie, die dich jetzt durchströmt. Auf einmal siehst du eine weibliche Lichtgestalt, die auf dich zukommt. Sie ist voller Liebe, Güte und Zuversicht für dich. Sie setzt sich zu dir in das Moos. Es ist die urweibliche Kraft, die du jetzt alles fragen kannst. In welchen Bereichen deines Lebens kannst du die Fähigkeit des Empfangens und deine Intuition gebrauchen? Wo benötigst du Unterstützung? Dein Leben kann mit dieser Hilfe zu einem Pfad der Liebe werden. Verbinde dein Herz mit dem Herzen dieses bezaubernden Wesens. Lasse einen Lichtstrahl aus deinem Herzen zu seinem fließen. Es sendet einen Strahl aus seinem Herzen zu dir. Stelle deine Fragen, und erhalte Botschaften in Form von Worten, Bildern oder Gefühlen. Lasse zu, dass du deine Botschaften empfängst. Verweile an diesem Ort so lange du möchtest – du kannst jederzeit zurückkehren. Wenn du fertig bist und deine Vision empfangen hast, danke der urweibliche Kraft, dem Baum und diesem Ort. Verabschiede dich von diesem wunderschönen Ort und allen Wesen, gehe zurück zum Strand, und lasse das Boot ins Wasser gleiten. Setze dich hinein, und nimm die Ruder in die Hände. Leicht, zuversichtlich und glücklich kommst du wieder auf der anderen Seite des Sees an. Danke dem Wasser, das dich getragen hat, danke dem Boot, das dich befördert hat, danke deinem Höheren Selbst und dir selbst für diese Reise. Atme ein paarmal tief ein und aus, öffne die Augen, und komme zurück ins Hier und Jetzt.

Der innere Heilungsweg

Du hast es verdient, ein glückliches, freies und selbstbestimmtes Leben zu führen. In den folgenden Kapiteln kannst du deine Verletzungen aus der Vergangenheit mit Unterstützung des heilsamen Urweiblichen berühren und den Weg frei machen für die Liebe und das Urvertrauen in dir. Vergangene negative Erlebnisse kannst du wandeln und neue Energie für dich freisetzen.

Lasse Glaubenssätze los, und erlöse die Vergangenheit

Bevor wir uns vollkommen an die Quelle der weiblichen Urkraft anschließen können, ist es notwendig, alte und übernommene Überzeugungen und Glaubenssätze unserer Eltern, unserer Ahnenreihe und unseres gesamten Umfelds loszulassen.
Welches Bild von Weiblichkeit hat deine Familie dir vermittelt? Welchen Platz hatten deine Mutter und deine Großmütter in der Familie? Waren Männer und Frauen gleichberechtigt? Falls du in dem Glauben aufgewachsen bist, dass es einen Gott gibt, gab es auch eine Göttin?

Was uns in unserer Kindheit vorgelebt wurde, ist fest in unserem Unterbewusstsein verankert und beeinflusst weit mehr, als wir uns vorstellen können, unsere Gegenwart.

Einer dieser Glaubenssätze ist, dass Männer mehr wert sind als Frauen. Diese Annahme resultierte wahrscheinlich aus der körperlichen Überlegenheit des Mannes. In der heutigen Zeit hat diese Sicht überhaupt keine Berechtigung mehr, denn wir wissen, wir brauchen beide Kräfte, die weibliche und die männliche, um ein harmonisches, friedvolles und ebenbürtiges Leben zu führen. Das weibliche Prinzip ist das empfangende, das nährende und das intuitive. Die Urkraft des Weiblichen ist unter anderem die Verbindung zu unserer Seele, zu unserem Seelenweg. Wenn wir dieser Kraft in uns vertrauen, ist es uns möglich, unserem Herzensweg zu folgen.

Bei einigen Stämmen der Indianer Nordamerikas waren die Häuptlinge Frauen. Als die Weißen kamen und mit den Häuptlingen verhandeln wollten, konnten sie nicht glauben, dass eine Frau Oberhaupt eines Stammes war, und akzeptierten es nicht. Für die Indianer jedoch ist Mutter Erde ein heiliges Wesen, das uns nährt, trägt, liebt und uns das Leben schenkt. Es ist die Urmutter – ihre Schönheit und ihre Güte sind unermesslich. Wenn die Indianer ihre Trommeln schlagen, symbolisiert dies für sie den Herzschlag der Großen Mutter.

Worte der weiblichen Urkraft

»Ich bin ein schöpferisches,
liebendes Wesen,
meine Weiblichkeit ist heilsam und heilig.«

RITUAL

Für dieses Ritual benötigst du:

- Steine oder 1 langen Wollfaden
- 1 Feuerschale
- 1 Blatt Papier
- 1 Stift
- 1 Feuerzeug

Schreibe alle alten negativen Überzeugungen, Glaubenssätze und Erinnerungen, die du erfahren oder übernommen hast, auf ein Blatt Papier, das du im Anschluss verbrennen kannst. Suche dir einen Ort draußen in der freien Natur, an dem du ungestört bist. Bereite einen Platz vor, an dem du in einer Feuerschale ein kleines Feuer machen kannst.
Ziehe nun um die Feuerschale einen Schutzkreis, der auch dir genügend Raum bietet. Diesen Kreis kannst du mit einem Stock in den Boden ritzen, du kannst ihn auch mit Steinen oder einem Wollfaden legen. Wichtig ist nur, dass er geschlossen ist.
Stelle dir jetzt vor, dass weißes Licht aus deinem rechten Zeigefinger fließt und dass dieses weiße Licht deinen Kreis energetisiert, wenn du den Kreis in der Luft mit deinem Finger nachziehst.

Zur Reinigung stelle dir vor, dass du unter einem Wasserfall stehst und dass weißes Licht mit Tausenden kleinen Glitzersternen in dich hereinfließt und alte belastende Energie aus deinem Körper und aus deinem Energiefeld herausspült. Die belastende Energie fließt dabei als eine dunkle, ölige Flüssigkeit aus deinen Fußsohlen und aus deinen Händen in Mutter

Erde. Das weiße Licht und die Glitzersterne erfüllen immer mehr deinen Körper, dein Energiefeld und dein ganzes Sein. Spüre, wie du leichter und freier wirst. Beende die Reinigung erst, wenn du dich vollkommen befreit fühlst. Danke Mutter Erde und dem Wasserfall für ihre Unterstützung.

Der nächste Schritt ist das Loslassen. Bitte jetzt dein Höheres Selbst um vollkommene Führung. Tritt mit dem Blatt, das du verbrennen möchtest, ganz bewusst in den Kreis. Spüre deine Füße auf Mutter Erde, und verbinde dich mit ihr, indem du dir vorstellst, dass energetische Wurzeln aus deinen Fußsohlen in sie hineinwachsen und sie dir über diese Wurzeln eine rubinrote Kraft der Erdung und Stärkung sendet. Danke Mutter Erde, zerreiße das Blatt Papier, auf das du die negativen Glaubenssätze und Erfahrungen notiert hast, ganz bewusst mit der Intention, all diese alten Energien gleich dem Feuer zu übergeben. Lege das Papier in die Feuerschale. Zünde es an, und sprich dabei folgende Worte: *»Ich danke dem Wesen des Feuers, dass es mich jetzt auf allen Ebenen, in alle Richtungen der Zeit befreit von allen alten, angenommenen, aufgenommenen, übertragenen, selbst kreierten Überzeugungen und Glaubensmustern einer minderwertigen Weiblichkeit.«* Beobachte, wie die Zettel verbrennen, und stelle dir vor, wie das Feuer als violettes Licht durch dich strömt, dich ganz erfüllt und über deine Poren in dein gesamtes Energiefeld fließt.
Spüre, wie du freier und leichter wirst. Erinnere dich jetzt an deine Wurzeln in Mutter Erde. Bitte sie, dir nochmals ihr rubinrotes Licht zu senden, und fühle, wie sie dich damit erfüllt. Verbinde dich als Nächstes mit deinem Herzen, indem du deine linke Hand auf dein Herz legst und sie intensiv

spürst. Nimm ganz bewusst Kontakt zur Urweiblichkeit in deinem Herzen auf. Stelle dir vor, wie sich eine magentafarbene Lichtquelle in deinem Herzen zeigt und sich öffnet. Das magentafarbene Licht ist voller Güte, Liebe und Zuwendung für dich. Lasse dich von ihm erfüllen, und nimm dieses liebende Licht in jede Zelle deines Seins auf. Tritt erst aus deinem Kreis heraus, wenn du ganz damit angefüllt bist. Dann danke allen Wesen und Elementen, die dich begleitet haben, und danke dem Urweiblichen in dir.

HEILREISE

Schaffe dir einen Platz der Stille und Heilung, an dem du völlig ungestört bist. Atme bewusst in dein Herz hinein, und komme ganz darin an. Schließe die Augen, und bitte dein Höheres Selbst um vollkommene Führung. Nimm wahr, wie das goldene Licht deines Höheren Selbst dein Energiefeld, deinen Körper, dein ganzes Sein erfüllt, stärkt, schützt und harmonisiert. Stelle dir nun eine perlmuttfarbene Wendeltreppe mit zehn Stufen vor, die nach unten führen. Steige in deinem Bewusstsein Stufe für Stufe hinab, begleitet von deinem Höheren Selbst. Nimm wahr, wie dich jeder Schritt immer mehr entspannen lässt. Jede Stufe führt dich tiefer in dein spirituelles Bewusstsein und in die Verbindung zu deinem Herzen.

Von der letzten Stufe aus kannst du in einen smaragdgrünen Raum schauen, er stahlt Geborgenheit, Freude und Liebe aus. Gehe jetzt den letzten Schritt und mit ihm in diesen Raum hinein. Der Boden dort ist weich, und doch trägt er dich in vollkommener Sicherheit. Du befindest dich jetzt in deiner Herzenskammer. Lasse dich von ihrer liebenden Energie erfüllen. Spüre, wie dich Liebe, Geborgenheit und Frieden durchdringen. Eine Lichtgestalt kommt auf dich zu. Es ist die Hüterin deines Herzens. Sie strahlt Wärme, Geborgenheit und Zuversicht aus, die ihren Platz in dir einnehmen. Sie spricht: »Ich bin die Hüterin deines Herzens, seit Anbeginn deiner Zeit bin ich an deiner Seite, und meine Hilfe ist dir jederzeit gewiss.« Sie zeigt auf einen Sessel und bittet dich, darin Platz zu nehmen.

Während du dich setzt, erkennst du, dass sie eine Feuerschale in ihren Händen trägt. Das Feuer darin leuchtet violett. Die Hüterin deines Herzens sagt: »Diese transformierende Flamme befreit dich von allen Überzeugungen, dass die Weiblichkeit der Männlichkeit nicht ebenbürtig und weniger wertvoll ist. Die Quelle des kostbaren Urweiblichen ist in dir angelegt und möchte in dir und mit dir wirken. Bitte übergib jetzt alle negativen und verletzenden Überzeugungen, die du von deinem Umfeld übernommen oder selbst kreiert hast, der violetten Flamme. Sage in Gedanken oder laut: ›Ich lasse jetzt alle negativen Überzeugungen, Glaubenssätze, Eide, Schwüre, Verträge, Erfahrungen, Schocks und Traumata über die minderwertige Weiblichkeit und das Frausein los, die ich in diesem oder vergangenen Leben selbst gebildet oder von meinen Ahnen, meinem Umfeld übernommen habe. Mein göttliches Höheres Selbst, lösche jetzt all diese negativen Überzeugungen auf allen Ebenen meines Seins, die nicht zum höchsten Wohle meiner Seele sind.‹«

Schaue in die violette Flamme, und gib ihr die Erlaubnis, jetzt durch dich zu fließen und alle Energien aus dir zu lösen, die du soeben losgelassen hast. Die violette Flamme in der Feuerschale beginnt daraufhin, sich auszuweiten. Sie fließt in dein Energiefeld und von dort in deinen ganzen Körper. Lasse dieses befreiende

und transformierende Licht durch jede Zelle deines Seins strömen. Nun bitte dein Höheres Selbst, dich mit seinem goldenen Licht der Harmonie und der bedingungslosen Liebe zu erfüllen. Nimm wahr, wie dieses Licht dich ganz erfüllt und Harmonie und Liebe sich in dir ausbreiten.
Danke der Hüterin deines Herzens, und wenn du so weit bist, gehe in deiner Zeit die zehn Stufen aus deiner Herzenskammer langsam und bewusst Stufe für Stufe wieder ins Hier und Jetzt zurück. Öffne die Augen, und genieße den Tag.

Vergib und verzeihe anderen, und befreie dich dadurch selbst

»Schuld« ist ein großes Wort und hat eine starke Energie. Ich lade dich ein, mit mir das Thema »Schuld« einmal ganzheitlich aus der Sicht der weiblichen Urkraft zu betrachten. Hierfür teile ich ein Erlebnis aus meiner eigenen Familie mit dir.

Einer meiner Neffen wurde im Alter von vier Jahren von seiner Großmutter aufgenommen, da seine Mutter ihn nicht versorgen konnte. Er ist nur sieben Jahre jünger als ich, und so wuchsen wir quasi gemeinsam auf. Mit zwölf Jahren kam er von einem Urlaub, den er bei seiner Mutter verbracht hatte, nicht zu uns zurück. Es wurde nicht weiter über den Vorfall gesprochen, aber meine Mutter, die seine Großmutter war, war tief getroffen und hat ihm die Schuld für den Schmerz gegeben, den sie spürte, weil sie ihn nicht mehr bei sich haben konnte. Viele Jahre später, als meine Mutter dabei war, ihren Körper zu verlassen, sprachen wir über dieses Thema. Und meine Mutter konnte ihm noch immer nicht verzeihen. Dann sprach ich mit ihr darüber, was ihr als Kind passiert war. Meine Mutter ist in einem gewalttätigen Haushalt groß geworden, doch über die staatliche Fürsorge konnte sie ihre Ferien über viele Jahre hinweg immer in wechselnden Familien verbringen, die gut für sie sorgten. Einige Familien boten ihr sogar an, sie für immer aufzunehmen. Für meine Mutter kam das jedoch nie infrage. Nachdem meine Mutter mir das erzählt hatte, schaute sie mich mit großen Augen an und sagte: *»Jetzt kann ich ihm verzeihen, jetzt verstehe ich ihn, und ich habe genauso gehandelt.«*

Für meine Mutter war die Sehnsucht nach ihren Eltern größer gewesen als die Angst, geschlagen zu werden. Meine Großeltern hatten den Krieg, die Gewalt, die Angst vor Hunger und Tod erlebt. Diese Umstände hatten ihre Herzen nicht verkraftet, sie waren gewalttätig geworden, weil sie selbst die Gewalt in ihrer Kindheit nicht verarbeitet haben.

Schaust du durch die Augen der urweiblichen Kraft, die eng mit der Mutterliebe verbunden ist, erkennst du, dass alle Beteiligten dieser Situation im Inneren verletzte, misshandelte Kinder waren. Ein Kind kommt nicht gewalttätig auf die Welt, es entwickelt erst durch seine Erfahrungen solche Wesenszüge. Den urweiblichen Weg zu gehen, bedeutet, zu vergeben, zu verzeihen und Liebe und Harmonie in die Situation zu bringen.

Wenn dir Leid angetan wird und du nicht vergeben kannst, dann vergiftet es dein System. Denn Groll, Wut und Hass sind Energien, die dein Leben trüb werden lassen. Und beim genaueren Hinsehen kannst du erkennen, dass du demjenigen, der dir es angetan hat, länger Macht über dich gibst, wenn du an der Situation festhältst. Denn dadurch beeinflusst du dein Leben und dein Glück negativ. Man könnte sogar sagen: »Vergib dem anderen, damit du frei wirst.«

Ob Schuldgefühle, Schuldzuweisungen, Groll, Wut oder Angst, Emotionen, die wir erlebt und nicht verarbeitet oder harmonisiert haben, befinden sich noch in uns und vergiften uns. Du kannst die Heilreise am Ende dieses Kapitels nutzen, um dich zu reinigen und zu befreien. Du kannst zu jeder Zeit ein freieres und glücklicheres Leben führen. Die urweibliche Kraft ist an deiner Seite, sie lebt in dir, sie will, dass du dich geborgen und geliebt fühlst. Denn dann wirst du genau diese Energien in die Welt senden.
Was auch immer du gesagt oder getan hast, wofür du dich schuldig fühlst, vergib dir selbst, damit befreist du nicht nur dich, sondern alle Beteiligten.

Wen auch immer du in deinem Leben für schuldig erklärt hast, vergib ihm oder ihr, und befreie in erster Linie dich selbst damit.

Worte der weiblichen Urkraft

»Ich bin geliebt, ich bin frei von Schuld, ich verzeihe mir und anderen.«

RITUAL

Für dieses Ritual benötigst du:

- 2 Blatt Papier
- 1 Stift
- 1 Kerze
- 1 Feuerzeug
- 1 feuerfestes Gefäß

Schaffe dir zuerst einen Platz, an dem du ungestört bist. Zünde dann die Kerze an, und verbinde dich in aller Ruhe mit deinem Herzen.

Notiere als Nächstes auf dem ersten Blatt Papier alles, wofür du dich verurteilst und wofür du dich schuldig fühlst. Verbinde dich danach noch einmal mit deinem Herzen, und frage dich voller Mitgefühl, was du selbst vielleicht in deiner Kindheit erlebt hast, wodurch du in dieser Weise reagiertest. Finde Verständnis für dich selbst, schaue mit der liebenden Kraft der Urweiblichkeit mitfühlend auf dich.

Dann nimm den zweiten Zettel, und schreibe alle Situationen und Erfahrungen auf, in denen du anderen Schuld zugewiesen hast. Nimm dir wiederum Zeit, und überlege aus deinem Herzen, was diese Menschen wohl erlebt haben könnten, um so zu handeln. Dabei geht es nicht darum, dass du genau weißt, was passiert ist, sondern dass du dich für das Mitgefühl öffnest und du den Gedanken zulässt, dass ihre Erfahrungen sie zu diesen Taten bewegt haben.

Nimm nun den ersten Zettel, und verbrenne ihn. Schaue in die Flamme der Kerze, schließe die Augen, und lasse die Flamme vor deinem inneren Auge erscheinen. Bitte die Flamme jetzt, alle Schuld, allen Groll dir selbst gegenüber in Liebe zu transformieren. Stelle dir vor, wie die Flamme von deinem Kopf aus durch deinen ganzen Körper wandert und dich von allen Schuldzuweisung dir selbst gegenüber befreit. Lasse sie dann zu deinem Herzen wandern und dort leuchten. Bitte nun die urweibliche Quelle in dir, die Energie des Verzeihens von deinem Herzen aus in jede Zelle deines Körpers fließen zu lassen. Und stelle dir vor, wie das rosa Licht des Verzeihens, das ein Teil der urweiblichen Kraft ist, aus deinem Herzen in jede Zelle deines Körpers fließt und sie mit der Kraft des Verzeihens und der Güte auflädt.

Nimm nun den zweiten Zettel, und verbrenne auch ihn. Schaue abermals in die Kerzenflamme, schließe die Augen, nimm die Flamme vor deinem geistigen Auge wahr, und bitte sie, all die Wut, den Hass, die Schuldzuweisungen, die in dir wohnen, jetzt in dir zu transformieren. Stelle dir vor, wie die Flamme deinen gesamten Körper durchwandert und Energien transformiert, die dich belasten. Lasse die Flamme nun zurück zu deinem Herzen wandern, und bitte die urweibliche Quelle in dir, die Kraft des Verzeihens in dir zu aktivieren. Spüre diese Kraft, und lasse ihr magentafarbenes Licht aus deinem Herzen durch dich fließen. Jede Zelle deines Körpers wird mit der liebenden, heilsamen Energie aufgefüllt. Genieße es, dann öffne die Augen wieder, und atme ein paarmal tief ein und aus. Lösche die Kerze, beende damit ganz offiziell dein Ritual, und genieße den Tag.

HEILREISE

Atme in dein Herz hinein, und komme ganz in ihm an. Schließe die Augen, und bitte dein Höheres Selbst um vollkommene Führung.
Du stehst in deiner Vorstellung auf einer wunderschönen Wiese, die Sonne scheint, und du siehst eine liebende, von Güte getragene Persönlichkeit, die auf dich zukommt. Es ist deine Urweiblichkeit, die Gestalt angenommen hat. Je näher sie kommt, desto mehr spürst du, wie sie dich mit Liebe, Geborgenheit und Kraft auflädt. Als sie bei dir angekommen ist, stellt sie sich in deinen Rücken, um dich zu stärken. Du spürst ihre Kraft, die dich heute auf deinem Weg unterstützt. Du gehst über die Wiese und erblickst einen Hügel, dessen Spitze von einer großen Wolke umgeben ist. Das Wesen der urweiblichen Kraft nimmt dich an die Hand und geht langsam Schritt für Schritt mit dir den Hügel hinauf. Sie sagt zu dir: »Auf diesem Hügel befinden sich all die Anteile von dir, die du verbannt hast, weil du sie schuldig gesprochen hast. Heute ist der Tag, diese Anteile mit meiner Hilfe zu befreien.«
Jetzt seid ihr oben auf dem Hügel angekommen und steht inmitten der Wolke. Schaue dich um. Gehe dann zu jedem Anteil, den

du dort findest, und bitte die urweibliche Kraft, deine Anteile mit ihrer bedingungslosen Liebe von der Schuld zu befreien und sie mit Unschuld und Trost aufzufüllen. Das urweibliche Wesen legt jedem dieser Anteile die Hand auf das Kronenchakra und lässt ihre bedingungslose Liebe in sie hereinfließen. Dadurch löst es die Schuld für dich auf und erfüllt deine Anteile mit Unschuld und Trost. Wenn dies geschehen ist, nimmst du jeden deiner Anteile in deine Arme und lässt sie als goldenes Licht in dein Herz fließen. Verzeihe dir dabei von ganzem Herzen. Sobald du alle deine Anteile wieder in dir trägst, nimmt dich die heilsame heilige Kraft an die Hand und geht mit dir den Hügel hinab. Unten angekommen siehst du nicht weit entfernt einen weiteren Hügel. Das urweibliche Wesen sagt zu dir: »Auf diesen Hügel hast du all die Menschen verbannt, denen du Schuld zugewiesen hast. Erkenne, dass sie erst durch ihre eigenen Erfahrungen und Erlebnisse so wurden. Erlöse sie heute von der Schuld, und erlöse so dich selbst.«
Gemeinsam geht ihr zu diesem Hügel hinüber, dessen Spitze im Nebel verborgen liegt. Schritt für Schritt steigt ihr bergauf und kommt eurem Ziel näher. Oben angekommen scheint die Sonne, und der Nebel löst sich auf. Umarme jetzt die urweibliche Kraft, und bitte sie um die Gabe des Verzeihens. Fühle das Verzeihen so gut du kannst. Dann lasse eine Regenbogenlichtbrücke aus deinem Herzen zu all diesen Menschen wachsen, denen du Schuld zugewiesen hast, und lasse über die Regenbogenlichtbrücke nach und nach in jeden von ihnen die Energie des Verzeihens fließen.
Das urweiblichen Wesen steht wieder hinter dir und stärkt dich. Lasse seine Energie durch dich in jeden Menschen auf diesem Hügel fließen. Denke dabei: »Ich vergebe dir, ich verzeihe dir.«
Und sobald eine Person mit der Energie des Verzeihens aufgeladen ist, löst sie sich auf. Und auch du wirst dadurch befreit. Genieße diesen Zustand.

Wenn alle Personen verschwunden sind, lasse die Regenbogenlichtbrücke zurück in dein Herz fließen. Steige Hand in Hand mit der urweiblichen Kraft den Hügel hinab, und komme wieder auf der Wiese an. Atme jetzt ein paarmal tief ein und aus, und komme zurück ins Hier und Jetzt.

Dankbarkeit führt dich zu innerer Freiheit und Heilung

Dankbarkeit ist eine heilsame, Wunder vollbringende Kraft, ein Werkzeug, mit dem wir heilen und Blockaden lösen können. Die Energie von Dankbarkeit ist von Schönheit und Sanftheit geprägt. Der japanische Forscher Masaru Emoto untersuchte, welche Auswirkungen das Wort »Dankbarkeit« auf Wasser hat. Dazu fror er das Wasser ein und untersuchte die Kristalle unter dem Mikroskop. Er war vollkommen erstaunt, dass allein das Wort »Dankbarkeit«, das auf eines der Gläser geschrieben war, die Struktur der Kristalle beeinflusste. Wasser ist ein wunderbarer Energieträger. Unser Körper besteht – je nach Alter – zu 50 bis 80 % aus Wasser, und wir entscheiden selbst, mit welchen Schwingungen wir unsere Körperflüssigkeiten energetisieren und formen. **Wenn du dankbar bist und in Liebe, wird sich das positiv auf deinen Körper auswirken und deine Selbstheilungskräfte stärken.** Wasser, das du mit dem Wort »Dankbarkeit« programmierst und auflädst, kann ein heilsames Getränk für dich sein. Du brauchst nur »Dankbarkeit« auf das Gefäß, in dem sich das Wasser befindet, zu schreiben.

Was ist Dankbarkeit für dich? Ich kann jeden Morgen dankbar sein dafür, dass ich ein Zuhause habe, das mich behütet und beschützt. Wenn ich in die Natur schaue, bin ich dankbar für die Bäume, für die Pflanzen, für die Luft, für den Himmel. Ich bin voller Dankbarkeit für die Natur, die uns der Schöpfer/die Schöpferin zum Leben geschenkt hat. Ich bin dankbar dafür, dass ich in einem Land lebe, in dem ich niemals wirklich Hunger leiden muss. Ich bin dankbar dafür, dass ich Freunde und Familie habe, die mich so annehmen und lieben, wie ich bin. Ich bin dankbar für Begegnungen, bei denen ich das Herz der anderen Menschen spüren kann. Ich bin dankbar für meine Arbeit, bei der ich andere Wesen unterstützen darf, auf ihren Weg des Glücks, des Friedens und der Harmonie zu kommen.

Wenn wir häufig von der Verstandesebene geleitet werden, können wir oft die Schönheit und die Geschenke der Schöpfung nicht erkennen. Gerade wenn es uns nicht gut geht oder wir überlastet sind, können die Dankbarkeit und die Annahme ein Weg zurück zur Harmonie sein. Denn die Schwingungen der Dankbarkeit in dir, in deinem Herzen, werden dich heilsam berühren. Und du kannst allein dadurch, dass du in Dankbarkeit lebst, deinem Leben eine neue Richtung geben. Eine Richtung der Zufriedenheit, der Verbindung und der Heilung. Dankbarkeit kann man üben. Beginne, die Welt zu betrachten und zu fühlen, wofür du in diesem Moment wirklich dankbar bist. Und dann gehe einen Schritt weiter, und spüre Dankbarkeit für dein schönes Zuhause, für das Essen und für deine Liebsten.

An aufgabenreichen Tagen, wenn das Leben uns überschwemmt und wir das Gefühl haben, nicht zu leben, sondern zu überleben, kann Dankbarkeit ein Anker sein.

Nimm dir immer wieder Zeit, dein Leben zu betrachten, und frage dich, wofür du dankbar sein kannst. Verbinde dich mit der urweiblichen Kraft in deinem Herzen, und sie wird dir den Weg zur Dankbarkeit weisen. Wenn wir schwierige Zeiten überwunden haben und zurückschauen, können wir uns fragen, was wir gelernt haben, wo wir über uns hinausgewachsen sind, welche neuen Fähigkeiten wir in uns entdeckt haben, und dafür dankbar sein. Gehe in die Natur, und schaue dir diese unfassbare Schönheit an.

Verbinde dich über dein Herz mit der Natur, dann wirst du die Dankbarkeit spüren können. Die Dankbarkeit für die Natur, die nicht nur wunderschön ist, sondern uns atmen lässt, uns nährt und trägt. Und wenn du dich in der Energie der Dankbarkeit geübt hast, wirst du feststellen, dass vieles in deinem Leben sich zum Positiven wandelt. Denn die Kraft der Dankbarkeit wird positive Energien in dein Leben ziehen. Das Resonanzgesetz besagt, dass wir das, was wir aussenden, auch zurückbekommen. Bist du anderen Menschen, anderen Wesen und dir selbst gegenüber dankbar, dann ziehst du Harmonie und Dankbarkeit an, die dir entgegengebracht werden. Dankbarkeit aus ganzem Herzen zu fühlen, wird dich glücklich und zufrieden machen und dein ganzes Umfeld positiv beeinflussen.

Worte der weiblichen Urkraft

*»Ich bin dankbar für die urweibliche Kraft in mir.
Ich danke mir selbst für meinen Pfad der Heilung,
und ich danke allen Wesen,
die mich dabei unterstützen.«*

RITUAL

Für das Ritual benötigst du:

- 1 Kerze
- 1 Feuerzeug
- 1 Glas mit Wasser
- 6 Blätter Papier
- 1 Stift
- 1 Schere

Suche dir einen Platz, an dem du geschützt und ungestört bist.

Zünde zuerst die Kerze an, überlege, wofür du heute dankbar sein kannst, und schreibe es auf ein Blatt Papier. Schreibe auf das nächste Blatt Papier, wofür in der Vergangenheit du dankbar bist. Schreibe wiederum auf das nächste Blatt, für welche negativen Erfahrungen in deinem Leben du im Nachhinein dankbar sein kannst, weil sie positive Resultate hatten.

Nun notiere auf dem vierten Blatt alle Menschen, für die du dankbar bist.

Schneide nun mit der Schere einen Kreis aus einem weiteren Blatt, der so groß ist, dass du ihn unter dein Wasserglas legen kannst. Verbinde dich mit deinem Herzen, indem du zwei bis drei Mal tief ein- und ausatmest und mit der linken Hand dein Herz berührst. Schließe die Augen, und spüre deinen Herzschlag. Wenn du verbunden bist, öffne deine Augen wieder, und schreibe auf den Papierkreis mit so viel Gefühl, wie du jetzt aufbringen kannst, das Wort »Dankbarkeit«.

Stelle dein Glas Wasser jetzt auf dieses Stück Papier.

Lege die vier beschriebenen Blätter nebeneinander. Atme in dein Herz hinein, lege deine linke Hand auf dein Herz, und verbinde dich mit der urweibliche Kraft darin. Stelle dir dafür vor, wie sich die urweibliche Kraft als magentafarbenes Licht in deinem Herzen ausbreitet. Genieße es.
Nimm nun den ersten Zettel, und lies das Geschriebene drei Mal laut vor, langsam und mit dem Gefühl von Dankbarkeit in deinem Herzen. Benutze folgende Worte als Einleitung:
»Aus ganzem Herzen bin ich dankbar für …«
Lege den Zettel wieder hin, und gehe mit allen weiteren Zetteln genauso vor. Gib dir genügend Zeit, die Dankbarkeit wirklich zu spüren. Und wenn du die Namen der Personen vorliest, für die du dankbar bist, stelle sie dir einzeln vor, und visualisiere, wie die Dankbarkeit als magentafarbenes Licht zu ihnen fließt und sie erfüllt.
Jetzt nimm das letzte leere Blatt Papier, und schreibe auf, wofür du dir selbst dankbar bist. Allein für diese Übung, die du gerade machst, kannst du sehr dankbar sein. Ebenso dafür, dass du neue Wege in deinem Leben suchst und ein Leben voller Harmonie führen möchtest. Überlege selbst, was du tust, was dir wirklich guttut, und sei dir selbst dafür dankbar.
Und wenn du alles aufgeschrieben hast, wofür du dir selbst dankbar bist, lies auch dies drei Mal laut vor – ganz in Ruhe, in Verbindung mit deinem Herzen. Am Ende des Rituals trinke dein Wasserglas aus, und bemerke, dass dieses Wasser mit einer wundervollen Energie aufgeladen ist. Lösche die Kerze, atme ein paarmal tief ein und aus, und beende damit das Ritual.

HEILREISE

Wenn du möchtest, kannst du dir leise, harmonische Hintergrundmusik anmachen. Lege oder setze dich so bequem hin, wie es dir möglich ist. Atme in dein Herz hinein, und komme ganz in ihm an. Schließe die Augen, und stelle dir vor, du stehst vor einer wunderschönen Wendeltreppe, die perlmuttfarben schimmert. Gehe jetzt die zehn Stufen der Treppe Schritt für Schritt hinab in dem Bewusstsein, dass du mit jedem Schritt eine tiefere Bewusstseinsebene erreichst. Mit jedem Schritt entspannst du dich mehr und kommst mehr bei dir selbst an. Jetzt stehst du auf der letzten Stufe der Treppe und kannst in eine smaragdgrüne Kammer, die von Gold durchwoben ist, schauen. Es ist deine Herzenskammer. Gehe nun mit dem nächsten Schritt in sie hinein, und nimm die Heilung, die Geborgenheit und die Liebe, die dieser Raum dir spendet, auf.

Du erblickst nun eine Tür, die von deiner Herzenskammer in einen anderen Raum führt. Auf dieser Tür steht in rosafarbener Schrift das Wort »Dankbarkeit«. Gehe zu dieser Tür, und öffne sie. Dahinter erwartet dich ein Raum voller rosafarbener, liebender Dankbarkeit. In der Mitte des Raumes befindet sich ein Sessel. Setze dich hinein, nimm die Energie der Liebe und der Dankbarkeit, die in diesen Raum präsent ist, in jede Zelle deines Seins auf. Du erkennst jetzt eine zarte, bezaubernde Lichtgestalt, die auf dich zukommt. Dieses Wesen ist seit Anbeginn deiner Zeit an deiner Seite, es gehört zu deinem geistigen Team, das du mit in dieses Erdenleben gebracht hast, und unterstützt dich in allen Dingen, bei denen es um Dankbarkeit geht. Als es vor dir steht, spürst du seine liebende Energie für dich, und es sagt: »Ich bin dir dankbar, dass du dieses Erdenleben gewählt hast, ich bin dir dankbar, dass du dein Leben so lebst, wie du es lebst, dass du diesen ganzheit-

lichen Weg gehst. Ich bin dir dankbar für die Liebe in dir, ich bin dir dankbar, dass es dich gibt.«
Nimm diese liebende und nährende Energie der Dankbarkeit in dich auf, und fühle die Dankbarkeit für dich selbst, sei stolz auf dich.
Dir gegenüber kannst du jetzt eine Tür entdecken. Wähle drei Menschen aus, denen du dankbar bist, die du durch diese Tür in deine Kammer der Dankbarkeit kommen lässt. Immer nur eine Person wird den Raum betreten. Du kannst ihr deine Dankbarkeit ausdrücken, indem du ihr über eine Regenbogenlichtbrücke aus deinem Herzen liebevolle Kraft schickst und ihr sagst, wofür du ihr dankbar bist. Fühle die Dankbarkeit, und schenke sie mit ganzem Herzen. Danach wird die Person den Raum wieder verlassen, und die nächste Person wird den Raum betreten. Spüre, wie deine Dankbarkeit für andere dich mit liebenden und heilsamen Schwingungen auffüllt. Wenn alle Personen wieder aus diesem Raum verschwunden sind, danke dem Lichtwesen, und wisse, dass du jederzeit zurückkommen kannst. Gehe nun wieder durch die Tür zurück in deine smaragdgrüne Herzenskammer. Steige die zehn Stufen der Wendeltreppe ganz in deiner Zeit und in dem Bewusstsein hinauf, dass dich jede Stufe zurück in dein Wachbewusstsein trägt. Mit der letzten Stufe kommst du zurück ins Hier und Jetzt und öffnest deine Augen.

Höre auf deine Bedürfnisse, und übe dich in Selbstfürsorge

Was bedeutet Selbstfürsorge? Es bedeutet, dass du dich um dich kümmerst und für dich sorgst. Dazu gehört, dass du dir selbst die Bedürfnisse erfüllst, die dir ein glückliches und erfülltes Leben ermöglichen, wie beispielsweise eine gesunde Ernährung, genügend Zeit für Kreativität und Lebensfreude. Wir leben in einer Zeit, in der immer mehr Menschen an Burn-out erkranken. Sie sorgen oft in einer Liebe, die nicht zu übertreffen ist, für andere. Sich selbst und ihre Bedürfnisse vergessen sie dabei. Das Verhalten unserer Eltern hat uns tief geprägt. **Für unsere Mütter und die Generationen davor war es fast selbstverständlich, sich selbst hintanzustellen. Sie kümmerten sich so sehr um die Familie, dass keine Zeit mehr für sie und ihre Bedürfnisse blieb.**

Noch in den 1970er-Jahren wurde Frauen das Bild vermittelt, dass sie nur dann glücklich sein könnten, wenn sie ihren Mann und ihre Kinder glücklich machten. Denn dann hätten sie ihre Aufgabe als Frau erfüllt. Die eigenen Bedürfnisse nach Ruhe, Freude, Kreativität und Selbstausdruck waren für Frauen in der damaligen Zeit kein Thema.

In einem gewissen Maße erfüllt es uns tatsächlich, wenn unsere Liebsten glücklich sind. Doch deine Seele will mehr. Deine Seele ist hier auf dieser Erde, um zu lernen und um sich selbst zu verwirklichen. Viele Frauen kennen sich selbst und ihre eigenen Bedürfnisse nicht. In den vielen Frauen-Seminaren, die ich während der letzten Jahre gegeben habe, wurde immer wieder deutlich, dass die Frauen sich weit hintangestellt haben und kaum Zeit für sich selbst hatten. Jetzt ist genau der richtige Zeitpunkt für dich, herauszufinden, was du dir für dein Leben wünschst und wie du leben möchtest.

Wie viel Kreativität ist in dir, die du ausleben möchtest? Wie viel Ruhe brauchst du, um ganz zu regenerieren und bei dir zu sein? Du hast ein Anrecht auf dein eigenes Leben – auch als Mutter, Ehefrau oder Partnerin. Wir müssen uns um uns selbst kümmern. Falls du Kinder hast, fällt es dir vielleicht schwer, aber sei dir gewiss, alles, was du deinen Kindern vorlebst, werden sie dir nachtun. Das heißt, wenn du jetzt für dich sorgst, mehr für dich selbst da bist und auf dich achtest, dann werden deine Kinder es dir in ihrem Leben gleichtun.
Du könntest auch ein Tagebuch der Selbstfürsorge schreiben. Denn die erste Phase des Wandels bedeutet für dich, herauszufinden, was dir wirklich guttut. Die urweibliche Quelle in dir wird dir dabei eine gute Begleiterin sein. Nimm dir öfter am Tag Zeit, um mit dieser Quelle in dir in Kontakt zu gehen. Atme dafür ein paarmal tief in dein Herz, berühre dafür deine Brust auf Herzhöhe, denke an die heilsame Quelle in dir, und gehe mit ihr in Verbindung. Schreibe dann in dein Tagebuch der Selbstfürsorge alles, was dir guttun würde, und welche Fürsorge du dir selbst schenken könntest. Wie z. B. »Ich würde gern einmal wieder tanzen gehen, mich näher mit einem bestimmten Thema beschäftigen, mir täglich Entspannung gönnen« usw. In orientalischen Ländern wird heute noch der Brauch gelebt, dass die Männer an bestimmten Tagen den Frauen das Haus überlassen, die dann ihre Freundinnen zu sich einladen. Sie essen zusammen, unterhalten sich, massieren sich gegenseitig und tanzen miteinander.

Diese Frauen-Zeit ist sehr kostbar.
Denn durch die Gespräche, durch das Miteinander
öffnen wir Frauen uns und finden heraus,
was uns guttut, was wir leben wollen.

Nimm dir regelmäßig Zeit mit deinen Freundinnen, und sprich mit ihnen über dich, über dein Leben und das, was du wandeln möchtest. Nimm diese Frauen-Zeit ernst – das weibliche Wesen braucht weibliche Kontakte, das stärkt und verbindet. Nutze die Zeit mit deinen Freundinnen und den anderen Frauen, um dich über das, was dich bewegt, auszutauschen, und richte dabei deine Aufmerksamkeit auf Lösungen und kreative Veränderungen.
Wenn du das Gefühl hast, dass die Selbstfürsorge in deinem Leben zu kurz kommt, weil andere Familienmitglieder sie verhindern, rede mit deinen Liebsten zu Hause. Sprich über dich und deine Bedürfnisse. Erkläre ihnen, dass die Veränderungen, die du dir wünschst, nichts mit ihnen zu tun haben, sondern dass es nur um dich, dein Wohlsein und deinen Weg geht. Bitte sie dafür um ihre Unterstützung.

Gehe in der Zeit der Veränderung und des Wandels liebevoll mit dir um. Sei geduldig, verurteile dich nicht bei Rückschlägen, sondern habe Mitgefühl mit dir selbst, und beginne einfach von vorn. Freue dich über jeden kleinen Schritt. Du kannst stolz auf dich sein, dass du diesen Weg jetzt gehst – die urweibliche Kraft in deinem Herzen wird dich dabei leiten. Du bist einzigartig, und deine Bedürfnisse und deine Kreativität wollen gelebt werden.
Wir Frauen entwickeln unsere Kraft und Kreativität aus der Entspannung heraus, achte also darauf, dass du dir genügend Zeit für Entspannung nimmst.
Falls du selbstbewusst bist und Selbstfürsorge etwas Selbstverständliches für dich ist, wird auch dein Umfeld entsprechend damit umgehen. Hast du jedoch das Gefühl, dir die Selbstfürsorge erkämpfen zu müssen, dann bist du verunsichert und rufst eventuell Widerstand im Außen hervor. Achte auf dich und deine Emotionen, und handle so gut du kannst aus deiner Mitte und aus

deinem Selbstwert heraus. Dann wird dir dein Umfeld helfen, und die Veränderungen können liebevoll und harmonisch geschehen.

Worte der weiblichen Urkraft

*»Ich sorge für mich, ich bin mein Glück,
ich liebe mich bedingungslos, ich bin geliebt,
ich bin wertvoll.«*

RITUAL

Für dieses Ritual benötigst du:

- Rosenblätter oder Halbedelsteine
- 1 Stift
- 1 Tagebuch
- 1 Kerze
- 1 Feuerzeug

Schaffe dir als Erstes einen Platz, an dem du ganz ungestört bist und dich wohlfühlst.
Da es während des Rituals darum geht, etwas aufzuschreiben, solltest du an diesem Platz die Möglichkeit haben, das Tagebuch abzulegen und die Kerze aufzustellen.
Lege um deinen Platz einen Kreis aus Rosenblättern oder Halbedelsteinen. Dieser Kreis symbolisiert deinen heiligen Raum.
Lege das Tagebuch und den Stift bereit, und zünde die Kerze an.

Stelle dir jetzt vor, dass weißes Licht aus deinem Herzen durch deinen Arm in deine Hand bis in deinen Zeigefinger fließt. Aus deinem Zeigefinger strömt jetzt dieses weiße Licht, mit dem du den Kreis aus Rosenblättern oder Steinen nachziehst. So wird er zu einem geschlossenen Energiekreis. Schaue nun entspannt in die Flamme der Kerze. Dann schließe die Augen, und stelle dir vor, dass die Flamme vor deinem geistigen Auge weiterleuchtet. Lasse das Licht durch deinen ganzen Körper wandern, und bitte die Flamme, dich für dieses Ritual zu reinigen. Wenn du dich ganz gereinigt fühlst, öffne die Augen wieder.

Lege nun deine linke Hand auf dein Herz, und verbinde dich mit ihm. Bitte die urweibliche Kraft in dir, sich in deinem Herzen auszubreiten. Stelle dir vor, dass sie sich als magentafarbenes Licht in deinem ganzen Körper ausbreitet und über deine Poren in deinen Energiekreis fließt. Nimm ihre Kraft und Liebe für dich wahr – sie sind ein Teil von dir.

Öffne nun die Augen wieder, nimm das Tagebuch und den Stift, und schreibe als Erstes hinein: *»Liebes Tagebuch, ich danke dir für deine Unterstützung dabei, dass ich mich in Selbstfürsorge übe und sie lebe.«*

Jetzt schreibe auf, was du dir von Herzen wünschst. Sei dabei nicht bescheiden. Wenn du fertig bist, lies das Geschriebene noch einmal achtsam durch, und unterstreiche alle Punkte, die dir besonders wichtig sind. Diese schreibst du jetzt noch einmal einzeln jeweils auf eine extra Seite deines Tagebuchs.

Wähle nun den wichtigsten Wunsch aus. Schließe die Augen, und verbinde dich mit der urweiblichen Kraft in dir. Bitte dein Höheres Bewusstsein, dir den Weg zu zeigen, wie sich dieser Wunsch erfüllen kann. Schreibe alle Ideen, Bilder

und Gedanken auf, die jetzt in dir auftauchen, mögen sie auch noch so unvorstellbar für dich sein.
Dann schreibe alles so auf, als ob sich dieser Wunsch bereits verwirklicht hätte. Fühle genau in diese Situation hinein, und lasse sie in dir Realität werden.
Dann schaue dir das Geschriebene noch einmal an, und überlege, welchen ersten Schritt du dir vornehmen möchtest. Bitte die urweibliche Kraft und dein Höheres Selbst, dich auf deinem Weg zu unterstützen.
Nimm dir jetzt ein Rosenblatt oder einen Edelstein aus deinem Energiekreis, und bewahre ihn an einem Ort auf, an dem du ihn mit dir tragen und mehrfach am Tag betrachten kannst. Du könntest das Rosenblatt in dein Portemonnaie legen oder einen Edelstein in deine Hosentasche stecken.
Lösche die Kerze in dem Bewusstsein, dass du das Ritual für heute beendest.
Notiere jeden Erfolg, mag er für dich noch so klein sein, in deinem Tagebuch. Wiederhole dieses Ritual so oft es für dich möglich ist. Und wähle jedes Mal einen anderen Wunsch aus. Es wird dir die Kraft geben, deinen Weg zu gehen, und die Unterstützung von hohen Ebenen anziehen.

HEILREISE

Suche dir einen Platz, an dem du ungestört bist. Wenn du möchtest, sorge für leise Hintergrundmusik, die dich auf dieser Reise trägt.
Bitte dein Höheres Selbst um vollkommene Führung. Schließe die Augen, und nimm dein Höheres Selbst wahr. Sein goldenes Licht

fließt über deinen Solarplexus in deinen ganzen Körper hinein und schenkt dir Selbstvertrauen und Selbstliebe.
Du stehst jetzt vor einer wunderschönen perlmuttfarben schimmernden Wendeltreppe. Diese Wendeltreppe hat genau zehn Stufen, die dich in deine Herzenskammer führen. Gehe jetzt die zehn Stufen hinab in dem Bewusstsein, dass jede Stufe dich tiefer in dein spirituelles Bewusstsein führt. Wenn du auf der letzten Stufe angekommen bist, schaust du in einen smaragdgrünen Raum, der dich wie magisch anzieht. Gehe jetzt mit dem nächsten Schritt in deine Herzenskammer hinein, und lasse ihre Liebe und Kraft in dich fließen. Vor dir siehst du einen wunderschönen Sessel, in dem du Platz nimmst. Jetzt bemerkst du eine Lichtgestalt, sie ist die Hüterin deiner Herzenskammer. Sie kommt auf dich zu und sagt: »Seit Anbeginn deiner Zeit bin ich an deiner Seite. Ich werde dich unterstützen, damit du besser für dich sorgst und dir Gutes tust.« Gegenüber dem Sessel erblickst du eine Tür, und die Hüterin deines Herzens sagt: »Durch diese Tür werden gleich deine Eltern kommen. Es ist wichtig, dass du siehst, wie sie ihre Selbstfürsorge gelebt haben und wie du dies als Kind wahrgenommen hast.« Die Tür öffnet sich, und deine Eltern treten ein. Frage dich, was deine Mutter gebraucht hätte, um besser für sich zu sorgen. Oder hat sie sich nur um sich gekümmert, und du willst es jetzt besser machen und vergisst dich dabei?
Verbinde dich mit der Kraft des Urweiblichen in deinem Herzen, lasse eine Regenbogenlichtbrücke zu deiner Mutter fließen, und schenke ihr entweder die Gabe der Selbstfürsorge oder Mitgefühl und Mutterliebe. Was hätte sie gebraucht, um ausgewogen in Harmonie für dich und für sich zu sorgen? Lade deine Mutter über die Regenbogenlichtbrücke auf, und lasse diese dann zurück in dein Herz fließen. Überlege dir nun, was dein Vater gebraucht hätte, um für sich zu sorgen und trotzdem in Harmonie für dich da zu

sein. Verbinde dich mit deinem Herzen, und schicke alles, was er gebraucht hätte, über die Regenbogenlichtbrücke zu deinem Vater. Was du aus deinem Herzen schenkst, wird sich auch in einem harmonischen Gleichgewicht in dir manifestieren. Lasse nun die Regenbogenlichtbrücke zurück in dein Herz fließen.
Nachdem deine Eltern deine Herzenskammer wieder verlassen haben, bitte dein Höheres Selbst: »Mein göttliches Höheres Selbst, lösche alle Glaubenssätze, alle übernommenen Energien, Überzeugungen, minderwertigen Muster, die ich von meinen Eltern oder von meiner Ahnenreihe übernommen habe, in alle Richtungen der Zeit und auf allen Ebenen.« Stelle dir vor, wie das goldene Licht deines Höheren Selbst sich in dir ausbreitet, jede Zelle deines Körpers auflädt und alles löscht, was jetzt gehen darf. Verbinde dich mit der urweiblichen Kraft in dir, und bitte diese, deinen Körper, dein ganzes Sein mit Selbstfürsorge zu erfüllen und jede Zelle damit aufzuladen. Stelle dir dann vor, wie magentafarbenes Licht aus deinem Herzen in jede Zelle deines Körpers fließt und aus deinem Körper heraus in dein Energiefeld. Bitte die urweibliche Kraft in dir, dich auf deinem Weg zu unterstützen.
Stelle dir nun eine Situation vor, in der du nicht gut für dich gesorgt hast. Was hättest du gebraucht, um besser für dich zu sorgen? Lasse diese Eigenschaft, diese Gabe von der urweiblichen Quelle in deinem Herzen, zu dir fließen. Und stelle dir vor, wie du anders gehandelt hättest und wie viel achtsamer und liebevoller dein Umfeld mit dir umgegangen wäre. Stelle dir vor, dass dieser Anteil von damals glücklich auf dich zukommt und wie ihr euch umarmt. Dieser Anteil von dir fließt als goldenes Licht in dein Herz.
Bedanke dich bei deiner Herzenskammer, bei der Hüterin deines Herzens, bei dir selbst, und gehe ganz in deiner Zeit zurück die zehn Stufen hinauf in dem Bewusstsein, dass du ins Hier und Jetzt zurückkommst. Öffne die Augen, und genieße den Tag.

Sei du selbst die Liebe deines Lebens

Jedes Wesen auf diesem Planeten gehört zur großen Weltgemeinschaft und ist wertvoll und wichtig, auch du! Wenn wir auf die Welt kommen und in eine Umgebung geboren werden, die sich auf uns freut, dann haben wir ein natürliches liebevolles Gefühl uns selbst gegenüber, wir fühlen uns geliebt. Wenn wir aber im Mutterleib Schocks oder Traumata unserer Mutter miterleben, kann unsere Selbstliebe beeinträchtigt sein. Die urweibliche Kraft, die eine Quelle der Liebe und des Urvertrauens ist, schützt Mutter und Kind während der Schwangerschaft so gut sie kann in einem feinstofflichen Raum. Wenn eine Frau schwanger ist, wird oft gesagt, sie leuchtet. Dieses Leuchten ist das Seelenlicht des Kindes und die Kraft des Urweiblichen.

Als Kind sind wir abhängig von unseren Eltern oder Erziehungsberechtigten. Wenn wir das Gefühl haben, dass sie uns ihre Liebe entziehen, hinterlässt das Spuren der Verunsicherung. Auch wenn unsere Eltern uns bedingungslos lieben, gehört es dazu, dass sie uns den Weg weisen und uns durch Regeln und Herausforderungen unterstützen. Das kann schnell dazu führen, dass Kinder es falsch wahrnehmen und sich abgelehnt fühlen, wenn sie darauf hingewiesen werden, dass ihr Verhalten nicht richtig ist. Als Kind beziehen wir alle Emotionen und Gefühle, die wir von unseren Eltern wahrnehmen, auf uns. Schnell fühlen wir uns schuldig oder falsch. Das führt dazu, dass unsere Selbstliebe abnimmt.
Selbstliebe bedeutet, dass du dich so annimmst und wertschätzt, wie du bist. Du bist einzigartig und kostbar!

Die Erziehung hat sich bei vielen bewussten Eltern verändert. Wenn sie ihrem Kind Grenzen setzen und sein Verhalten kritisieren, halten sie es weiterhin im Arm und bleiben im liebevollen Kontakt, damit das Kind weiterhin die Liebe, die ihm entgegengebracht wird, fühlt. Das heißt nicht, dass Eltern nicht auch einmal ausflippen dürfen. Wenn der Großteil der Erziehung liebevoll gestaltet wird, ist das Urvertrauen stark genug, um damit klar zu kommen.
Es geht mir in keiner Weise um eine Schuldzuweisung an unsere Eltern. Sie haben ihr Bestes gegeben, und wir können ihnen von Herzen dankbar sein, dass sie uns das Leben geschenkt haben. Ich glaube, dass wir uns als Seele unsere Eltern ganz bewusst aussuchen. Sie bieten uns die Lernerfahrungen, die wir brauchen, um uns zu entwickeln. Haben wir uns als Seele vorgenommen, Selbstliebe zu lernen, wird unser Umfeld die passenden Herausforderungen für uns bieten. Das Urweibliche hat ein tiefes Vertrauen in diese Welt und weiß, dass alles einen Sinn hat. Öffne dich dafür. Wenn wir erst einmal annehmen, was ist, kann in uns Frieden entstehen, und wir können den Wandel einleiten. Das Urweibliche ist immer in dir. Gehe in Kontakt mit dieser Kraft, sie wird dich auf deinem Heilungsweg unterstützen und tragen. Die Verunsicherung unserer Kindheit kann im Hier und Jetzt heilsam berührt und gewandelt werden. Das Ritual und die Heilreise dieses Kapitels geben dir die Möglichkeit dazu.

Werde du die Liebe deines Lebens!
Gehe ab jetzt achtsamer mit dir um.
Es geht hier nicht um Egoismus, sondern um Selbstliebe.

Wenn ich mich selbst liebe, dann gehe ich auch liebevoll mit meinem Umfeld um, ohne mich aufzuopfern. Ich erkenne meine

Grenzen und achte sie. Ich bemerke, was mir nicht guttut, und löse mich aus diesen Situationen oder wandle sie.
Wenn uns Selbstliebe fehlt, ziehen wir oft Situationen an, in denen uns andere Menschen nicht liebevoll behandeln.
Vergiss nicht, du bist ein schöpferisches Wesen, deine Gedanken über dich selbst wirken sich auf dein Leben aus. Die Gedanken, die du denkst, formen deine Zukunft. Was denkst du über dich? Bist du zufrieden mit dir, oder kritisierst du dich? Bist du liebevoll zu dir, auch wenn du Fehler machst? Lobst du dich? Sorgst du für dich?

Wenn du dir selbst Fürsorge und Liebe entgegenbringst, dann wird es dir gut gehen. Und du wirst bemerken, je liebevoller du mit dir umgehst, desto liebevoller wird dein Umfeld mit dir sein. Du ziehst das in deinem Leben an, was in dir ist. Erinnere dich an das Urweibliche in dir, verbinde dich mit dieser Kraft, und lasse diese Energie in jede Zelle deines Seins fließen. Sie wird dich unterstützen, dich selbst lieben zu lernen. Denn sie liebt dich bedingungslos.

Jegliche Art von Perfektionismus ist ein Selbstangriff. Und ein Selbstangriff ist das Gegenteil von Selbstliebe. Die weibliche heilsame Quelle in dir sieht dich bereits als vollkommen an.

Räume dir Zeiten ein, in denen du dir selbst begegnen kannst. Momente, in denen du in dich hineinhörst und dich fragst, wie es dir wirklich geht. Was könnte dir jetzt guttun. Und wenn du Fehler machst, verurteile dich nicht dafür. Wir müssen Fehler machen, um zu lernen, das gehört zum Menschsein dazu.

Worte der weiblichen Urkraft

*»Mein göttliches Höheres Selbst,
führe mich zurück in meine Mitte,
in der meine Selbstliebe wohnt und wo ich die
urweibliche Kraft erfahre. Ich bin geliebt,
und ich liebe mich bedingungslos.«*

RITUAL

Für dieses Ritual benötigst du:

- Körperöl
- 1 Kerze
- 1 Feuerzeug
- 1 bequemen Sessel, Stuhl oder 1 Sitzkissen

Schaffe dir zuerst einen geschützten Ort, an dem du ungestört bist und an dem du dich wohlfühlst. Leise, meditative Hintergrundmusik könnte dich bei diesem Ritual unterstützen.
Stelle dich hin, und visualisiere, wie ein Wasserfall aus Tausenden von kleinen weiß funkelnden Sternen in deinen Energiekörper und in deinen ganzen Körper fließen. Diese Sterne erfüllen dich mit Licht und Freude. Sie lösen alle Anspannungen, Verspannungen, negativen Gedanken und Sorgen jetzt in dir auf. Bleibe unter diesem Wasserfall, bis du dich ganz gereinigt und positiv aufgeladen fühlst.
Zünde nun die Kerze in dem Bewusstsein an, dass ihre Flamme für dich das Licht deiner Selbstliebe darstellt. Sage

laut oder leise, so, wie es sich für dich richtig anfühlt: *»Ich danke diesem Licht dafür, dass es meine Selbstliebe in mir entfacht und stärkt.«*

Stelle die Kerze an einen Platz, den du von deiner Sitzgelegenheit aus gut sehen kannst. Das Körperöl sollte in Griffweite stehen.

Setze dich nun bequem hin, schaue in die Flamme der Kerze, schließe die Augen, und nimm wahr, wie sich das Licht jetzt in dir befindet. Visualisiere die Flamme vor deinem geistigen Auge. Spüre, wie das Licht der Flamme deinen Kopf erhellt, und lasse die Flamme langsam und achtsam in dein Herz wandern. Breite das Licht der Selbstliebe in deinem ganzen Herzen und in deinem Brustraum aus. Bitte nun die weibliche heilsame Urkraft, die in dir wohnt, dich mit Geborgenheit, Selbstliebe und Urvertrauen aufzufüllen. Fühle das Getragen- und Liebevoll-gehalten-Sein. Entspanne dich, und lasse das Licht der Selbstliebe aus deinem Herzen durch deinen Körper fließen und über die Poren hinaus in dein ganzes Energiefeld. Öffne die Augen, nimm etwas von deinem Körperöl, verreibe es in deinen Händen, und massiere liebevoll und achtsam deine Hände, deine Arme und so viel von deinem Körper, wie du möchtest. Danke deinem Körper dafür, dass er dir dient, und liebe ihn genau so, wie er ist. Dann schließe erneut die Augen, und spüre eine Zeit lang diese zauberhafte Energie. Danke nun der urweiblichen Kraftquelle in dir, und nimm wahr, wie viel Licht in dir ist. Atme ein paarmal tief ein und aus, öffne die Augen, und genieße den Tag.

HEILREISE

Atme ein paarmal tief ein und aus, komme ganz in deinem Herzen an, und bitte dein Höheres Selbst um vollkommene Führung. Nimm wahr, wie das goldene Licht deines Höheren Selbst sich ganz in dir ausbreitet.

Bitte das Urweibliche in deinem Herzen, das dir Geborgenheit und Führung schenkt, um seine Begleitung auf dieser Heilreise. Schließe die Augen, und stelle dir vor, du stehst auf einer wunderschönen Wiese. Diese Wiese ist ein Teil deiner Seelenlandschaft. Die Sonne scheint und wärmt dich, und du fühlst Mutter Erde unter deinen Füßen, die dich trägt. Schaue dir die Blütenpracht auf deiner Wiese genau an, auch diese Farben trägst du in dir. Sie sind ein Teil von dir. Nimm wahr, wie deine Füße auf Mutter Erde stehen und dich sicher und geborgen tragen. Fühle die Sonne, die deine Schultern wärmt.

Das Urweibliche manifestiert sich jetzt auf deiner Wiese als wunderschöne, weise, Frieden bringende Frau voller Kraft und Güte. Du musst sie nicht sehen, du kannst sie erahnen oder sie dir vorstellen.

Sie legt ihre liebenden Hände auf deine Schulter, und du kannst ihre Unterstützung wahrnehmen. Stelle dir vor, wie sich dir jetzt etwa zwei Meter von dir entfernt Anteile aus deiner Kindheit zeigen, aus dem Alter, in dem du ein großes Stück deiner Selbstliebe verloren hast. Vielleicht kannst du sogar deine Mutter, deinen Vater oder die Personen sehen, die an dieser damaligen Situation beteiligt waren.

Jetzt frage dich, wie alt du warst und was damals geschehen ist. Lasse die Antworten aus deinem Unterbewusstsein in dein Bewusstsein aufsteigen. Es können Erinnerungen in Form von Gefühlen, Bildern oder Worten sein. Es ist auch vollkommen in

Ordnung, wenn sich dir nichts zeigt – dann stelle dir einfach eine Situation vor. Wichtig ist, dass du daran glaubst, dass es diese Situationen gab und dass du sie jetzt mithilfe deines Höheren Selbst heilsam berühren kannst.

Frage dich, was du damals gebraucht hättest, um nicht an Selbstliebe zu verlieren. War es vielleicht Mutter- oder Vaterliebe, Mitgefühl oder Aufmerksamkeit? Spüre die urweibliche Kraft in deinem Rücken, die jetzt all das in dich hereinfließen lässt, was du damals gebraucht hättest. Empfange, nimm wahr, wie du von alldem erfüllt wirst, und bemerke, wie du glücklicher, geborgener und zufriedener wirst.

Was hätten die Personen, die an deiner Situation beteiligt waren, gebraucht, um behutsamer mit dir umzugehen? Hat ihnen Achtsamkeit gefehlt? Oder war es Selbstliebe, Mutter- oder Vaterliebe? Das Urweibliche in Frauengestalt geht mit dir in diese Situation hinein, nimmt dich als das Kind von damals liebevoll und achtsam in seine Arme, und du siehst, wie dieses Kind voller Selbstliebe, Güte und Geborgenheit zu leuchten beginnt. Du siehst, wie es vor Freude lacht und auf allen Ebenen Selbstliebe ausstrahlt. Es fühlt sich vollkommen geliebt. Die Urweiblichkeit reicht dir das Kind, du hältst es sanft in deinen Armen, und es wandelt sich zu goldenem Licht, das in dein Herz hereinfließt. Lasse dieses Kind in dir als goldenes Licht heranwachsen, bis es so alt ist, wie du heute bist. Danke jetzt der urweiblichen Kraft. Sie verneigt sich vor dir und wendet sich den anderen Personen auf der Wiese zu, die sie nach und nach umarmt und auch ihnen Selbstliebe, Güte und Geborgenheit schenkt.

Jetzt bitte dein göttliches Höheres Selbst um Heilung, indem du laut sagst: »Mein göttliches Höheres Selbst, heile alle Herzensbrüche, alle dunklen Geschichten, alle Schocks und Traumata, die ihren Ursprung in der damaligen Situation hatten, in alle Richtungen der Zeit, auf allen Ebenen und auch im Gesamtbewusstsein.«

Lasse die Heilung in Ruhe geschehen. Atme dann ein paarmal tief ein und aus, komme zurück ins Hier und Jetzt, öffne die Augen, und genieße den Tag. Wiederhole diese Reise immer dann, wenn du fühlst, dass sich deine Selbstliebe erneut verstärken darf.

Der äußere Heilungsweg

Nähre all deine Beziehungen und die Beziehung zu dir selbst mit dem liebenden Fluss von friedvoller, wertschätzender, heilsamer Energie des Urweiblichen aus dem Quell deines Herzens. Erkenne dich im anderen, und nimm deine wertvolle heilende Wirkung wahr. Du, dein ganzes Wesen, ist wichtig für diese Welt, die ohne dich unvollständig wäre! Nimm deinen Platz ein.

Finde deinen Platz im Kreis der Frauen

Frauen brauchen Frauenenergie. Durch intensive Gespräche lernen und wachsen Frauen innerlich und lernen, sich selbst zu erkennen. Im Austausch mit anderen Frauen kommen sie auf Lösungen und neue Wege für sich selbst – das ist sehr heilsam. Eine beste Freundin oder die besten Freundinnen sind im Leben der meisten Frauen sehr wichtig, denn mit ihnen gibt es eine oder mehrere Personen, die so fühlen und denken wie sie selbst.
Männer denken meist anders, außer der Mann hat eine sehr ausgeprägte weibliche Seite und lebt diese auch aus. Ein Mann wird im Gespräch mit einer Frau meist versuchen, eine Lösung für ihre Probleme zu finden. Das ist in ihm angelegt. Eine Frau allerdings möchte über Dinge reden, um sie selbst zu fühlen, zu erkennen und heilsam zu berühren.

Seit Jahrtausenden sind Frauenkreise bei den Urvölkern verbreitet. Bei den Indianern Nordamerikas gibt es bei verschiedenen Feierlichkeiten ein Tipi für die Männer und eines für die Frauen, in dem diese sich austauschen und gegenseitig unterstützen können. Wenn Frauen unter Frauen sind, sie sich mögen und eine gewisse Reife erreicht haben, gibt es selten Konkurrenz- oder Machtkämpfe. Sobald aber Männer anwesend sind, verändern sich die meisten Frauen. Sie wollen dann gefallen und gesehen werden, und das ist bei tiefgreifenden Gesprächen kontraproduktiv.

Wenn Frauen sich zusammenschließen und gemeinsam Rituale vollziehen, öffnet sich eine Kraft, und der urweltliche Quell in allen Frauen, die an dieser Zeremonie oder diesem Ritual beteiligt sind, wird sichtbar.

Wenn wir die besonderen Eigenschaften oder die Schönheit einer anderen Frau bewundern, können wir davon ausgehen, dass diese Schönheit und diese Eigenschaften auf unsere ganz eigene Art und Weise auch in uns angelegt sind. Wir sehen nur Dinge in den anderen, die in unserem Bewusstsein sind. Vielleicht sind sie noch nicht entwickelt, oder du hast sie noch nicht entdeckt, doch sie sind da. Und diese Gaben und Fähigkeiten, die in dir schlummern, möchten gelebt werden. Wir Frauen haben ein tiefes inneres Bedürfnis, aus dem Herzen zu handeln, und unsere soziale Kompetenz gibt uns die Möglichkeit, weitsichtig und zum Wohle aller Beteiligten zu agieren. Unsere Schattenseiten können Neid, Eifersucht, Konkurrenzdenken sein. Wenn wir uns minderwertig fühlen, tendieren wir Frauen dazu, andere abzuwerten, damit wir uns daneben wohlfühlen. Das heißt, unser Minderwertigkeitsgefühl, unser nicht vorhandener Selbstwert steuert uns dahin, dass wir an anderen Fehler suchen, anstatt ihre Fähigkeiten zu ehren, zu achten und uns bewusst zu machen, dass diese auch in uns schlummern. Die Angriffe und negativen Beurteilungen, die über die Sozialen Medien ausgetauscht werden, sind ein Zeichen dafür, dass viele Menschen ihr Minderwertigkeitsgefühl, ihre Unzulänglichkeit nach außen projizieren.

Werden wir uns und der urweibliche Kraft bewusst und ehren und achten wir das Schöne, das Intelligente, das Wundervolle in den Frauen, lernen wir, dass jede Beurteilung nur eine Selbstbeurteilung ist. Lassen wir die Beurteilungen los, dann betrachten wir die Frauen stattdessen mit den Augen des Herzens und sehen nur das Gute in ihnen. Die Schattenseite der Konkurrenz und der Manipulation fördert die Ebenbürtigkeit nicht. Wenn wir Frauen unser Potenzial leben und in dieser Welt den Platz einnehmen wollen, der uns zusteht, was diese Welt in die Heilung bringen wird, ist es wichtig, dass wir andere Frauen ehren, achten und unterstützen. Dann wird so viel Unterstützung und Wertschätzung auf uns selbst zurückfallen, dass wir davon ganz gestärkt sein werden.

Es gibt Frauenkreise und Frauentempel, in denen sich Frauen regelmäßig treffen, miteinander sprechen und sich wertschätzen können. Ich selbst schöpfe aus den Frauenseminaren, die ich gebe, denn auch das stärkt mich in meiner Weiblichkeit. Und ich besuche Frauenkreise und Frauenseminare, in denen ich genieße, welche Wertschätzung und welche Kraft wir miteinander austauschen. Sich verstanden zu fühlen, gesehen zu fühlen und in seiner Kraft anerkannt zu werden, ist wundervoll. Wir Frauen bringen die gelebte Herzenskraft in diese Welt.

Worte der weiblichen Urkraft

»Im Kreise der weisen Frauen bin ich,
ich empfange und gebe liebende Unterstützung.
Wir sind wild, weise und wunderbar.«

RITUAL

Für dieses Ritual benötigst du:

- 1 Feuerzeug
- Weißen Salbei
- 1 Feder
- 1 Kanne mit Tee
- Massageöl
- eventuell Kerzen

Lade eine oder mehrere Freundinnen ein, schaffe einen Raum, der Geborgenheit und Wärme ausstrahlt.
Zur Reinigung zünde den Weißen Salbei an, und fächere die Flamme aus, sodass sich Rauch entwickelt. Fächere ihn mit der Feder in das Energiefeld von einer der Frauen, damit sich alle negativen Energien lösen. Dann übergib dieser Frau den Salbei und die Feder. Sie wird dich auf die gleiche Weise reinigen. Lasse den Salbei und die Feder dann in der Frauenrunde wandern, bis alle Frauen gereinigt sind.

Jetzt gib jeder Frau und auch dir selbst fünf Minuten Zeit, um zu erzählen, was in ihrem/deinem Herzen ist. Während eine Frau spricht, hören alle anderen nur aufmerksam zu, sie kommentieren das Gesagte nicht. Wenn alle Frauen gesprochen haben, schließt die Augen, berührt in Gedanken eure Herzen, und stellt euch vor, dass das Licht der urweiblichen Kraft sich in euren Herzen ausbreitet. Liebe, Güte und Verständnis steigen in allen Herzen auf. Stellt euch vor, dass Regenbogenlichtbrücken eure Herzen verbinden. Die Herzensbrücken lösen sich erst dann wieder auf, wenn alle Frauen genährt sind. Mit geschlossenen Augen genießt ihr eine Weile diese Energie.

Nehmt nun das Massageöl, und massiert euch in Zweier- oder Dreiergruppen die Hände oder Füße. Die Frau, die zuerst massiert wird, legt oder setzt sich vollkommen entspannt hin. Nehmt euch mindestens zehn Minuten Zeit für jede Massage. Danach macht eine kleine Pause, und trinkt gemeinsam den Tee.

Dann findet euch im Kreis zum liebevollen Austausch zusammen. Achtet darauf, dass ihr dabei aus dem Herzen sprecht und euch nicht beurteilt. Wählt dafür Themen, die euch stärken. Am Ende des Austauschs sagt jede Frau in diesem Kreis, was sie an den anderen schätzt. Löst den Kreis auf, wenn es sich für euch richtig anfühlt.

Wiederholt diese Kreise, sooft ihr möchtet, und genießt eure gemeinsame Zeit.

HEILREISE

Atme in dein Herz hinein, und komme ganz in ihm an.
Bitte dein Höheres Selbst und die urweibliche Kraft in dir, dich zu leiten. Spüre, wie sich das Licht der Weisheit, der Güte und der Kraft in dir ausbreitet. Genieße es.
Schließe nun die Augen. Du stehst auf einer wunderschönen Wiese, die Sonne wärmt dich, und du fühlst dich vollkommen geborgen. Deine Wiese ist voller schöner Blumen und anderer Pflanzen, rieche ihren Duft, sieh ihre Schönheit, spüre die Liebe dieses Ortes, und nimm ihn ganz in dich auf. Als du über deine Wiese gehst, bemerkst du, dass sie sich auf einem Bergplateau befindet. Du gehst zum Rand des Plateaus und schaust hinab in ein Tal. Dort unten kannst du Menschen entdecken, die im Kreis um ein Lagerfeuer sitzen. Es gibt einen schönen Weg durch Blumen und Gräser hinunter ins Tal. Gehe jetzt hinab, es ist nicht steil. Gehe ganz achtsam und bewusst. Genieße jeden Schritt, den du auf diesem wunderschönen Weg gehst, und denke dabei »Liebe und Dankbarkeit«. Wenn du unten angekommen bist, siehst du, dass es Frauen sind, die um ein heiliges Feuer sitzen. Du siehst, dass ein Platz frei ist, und du weißt sofort, dies ist dein Platz. Gehe hin, und setze dich in den Kreis der Frauen. Eine weise alte Frau mit langen, weißen Haaren sagt mit sanfter und zugleich kraftvoller Stimme zu dir: »Wir haben bereits auf dich gewartet. Du wirst heute in unseren Kreis der weisen Frauen aufgenommen. Du befindest dich auf dem Weg, auf dem du die Urkraft des Weiblichen in deinem Herzen entdeckst und entwickelst. Indem du diese Kraft empfängst, ermutigst du alle Frauen in deinem Umfeld, es dir gleichzutun. Es bedarf dafür keiner Worte, sondern deines Tuns, deines Handelns in Liebe und Verbundenheit mit der urweiblichen Kraft. Deine innere Führungsstärke ist Weisheit, Liebe, Weitsicht und das Wissen, dass wir

alle eins sind. Unterschätze dich nicht, sondern erblühe, und zeige dich in deiner Kraft. Wir unterstützen dich, dieser Platz an deinem heiligen Feuer wird immer auf dich warten. Du kannst zu jeder Zeit zurückkehren und unsere Unterstützung bekommen. Jetzt empfange unsere Kräfte in dir. Atme tief in dein Herz hinein, und komme ganz in ihm an. Jede einzelne Frau aus diesem heiligen, heilenden Kreis hat ein Geschenk für dich.«

Die Frauen stehen nacheinander auf und bringen dir eine Lichtkugel, in der ihre Gaben für dich sind. Die erste steht auf, sie kommt auf dich zu, legt eine blaue Kugel in deine Hände und spricht: »Ich schenke dir die Weitsicht und das Wissen, dass wir alle eins sind.« Und während sie spricht, beginnt diese Kugel, sich in reines Licht aufzulösen. Du hältst dieses Licht an dein Herz, und es fließt in dieses hinein. Die weise Frau verneigt sich vor dir, und du verneigst dich vor ihr. In langsamen kraftvollen Schritten geht sie zurück zu ihrem Platz und setzt sich wieder.
Eine weitere Frau steht auf, kommt auf dich zu, legt liebevoll eine goldene Kugel in deine Hände und spricht: »Ich bringe dir das Urvertrauen.« Und auch diese Kugel löst sich auf und fließt als goldenes Licht in dein Herz. Das Licht des Urvertrauens strömt durch jede Zelle deines Körpers, besonders stark in deinen Solarplexus. Die Frau verneigt sich vor dir, und du verneigst dich in tiefer Dankbarkeit vor ihr. Sie geht zurück zu ihrem Platz.
Nun steht eine weitere Frau auf, sie trägt eine rosa Kugel in ihren Händen und sagt zu dir: »Ich bringe dir die Sanftmut und die bedingungslose Liebe.« Liebevoll legt sie die Kugel in deine Hände, du spürst die Energie, die von dieser Kugel ausgeht und dich tief in deinem Herzen berührt. Die Kugel löst sich auf, und du lässt das Licht in dein Herz fließen. Genieße es. Die Frau verneigt sich vor dir, du verneigst dich vor ihr, und sie setzt sich wieder.

Die Frau, die als Nächstes aufsteht, ist groß und sehr würdevoll, die Kugel in ihren Händen leuchtet smaragdgrün. Sie kommt auf dich zu, verneigt sich vor dir, legt die smaragdgrüne Kugel in deine Hände und spricht: »Ich bringe dir Selbstwert, Selbstliebe und das Bewusstsein, dass das Frausein kostbar ist.« Nachdem sie gesprochen hat, löst sich auch diese Kugel in Licht auf. Das Licht fließt in dein Herz, Selbstwert und Selbstliebe breiten sich darin aus. Auch diese Frau verneigt sich vor dir, du verneigst dich vor ihr, und sie setzt sich wieder an ihren Platz.

Die Frauen sind still und sehen dich an. Eine von ihnen ergreift das Wort. Mit kraftvoller, sinnlicher Stimme sagt sie: »Diese unsere Gaben sind seit Anbeginn deines Seins in dir angelegt. Es ist Zeit, dass du sie nun entwickelst, für dich und für die ganze Welt. Du bist ein Teil der heutigen Zeit und hast Gaben mitgebracht, die hilfreich dabei sein werden, einen friedvollen und harmonischen Weg zu gehen. Unterschätze dich nicht, und nimm die Kostbarkeit, die du bist, an.«

Die Frauen beginnen, zu summen, es ist ein liebevolles, kraftvolles Summen, das durch deinen ganzen Körper fließt und dich tief berührt. Und du weißt, dass diese Frauen immer bei dir sind. Wenn die Stimmen verstummt sind, stehe auf, und verneige dich vor jeder Einzelnen von ihnen. Falls du noch eine Frage hast, kannst du sie jetzt stellen. Sie wird beantwortet. Vielleicht vermitteln sie dir als Antwort ein Gefühl, ein Wort, ein Bild oder auch eine Farbe. Verabschiede die Frauen, wenn du so weit bist, in dem Wissen, dass du jederzeit an diesen wundervollen Ort zurückkommen kannst. Gehe den Weg zurück auf den Berg achtsam und in dem Bewusstsein, dass jeder Schritt dich zurück in das Wachbewusstsein bringt. Auf dem Berg angekommen, atme ein paarmal tief ein und aus, öffne die Augen, und komme zurück ins Hier und Jetzt. Schreibe die Eigenschaften, die du von den weisen Frauen bekommen hast, auf einen Zettel, und lies sie jeden Abend vor dem Schlafengehen einmal laut vor. Lasse sie dann erneut in dein Herz fließen.

Der urweibliche Weg in deiner Partnerschaft

Den urweiblichen Weg in einer Partnerschaft zu verfolgen, bedeutet, eine ebenbürtige, verbundene, unterstützende und liebende Beziehung zu führen. **Ob Mann oder Frau, wir tragen alle eine männliche sowie eine weibliche Hälfte mit allen Qualitäten in uns. Welche Qualitäten und welche Seite wir in diesem Leben betonen und leben möchten, wählen wir meiner Meinung nach, bevor wir auf die Erde inkarnieren. Wir entscheiden, ob wir den weiblichen oder den männlichen Weg gehen möchten abhängig davon, was unsere Seele auf Erden lernen möchte.** Beide Wege sind gleich wertvoll und gleich kostbar. Eine ebenbürtige Partnerschaft ist darauf aufgebaut, dass wir selbst für unser Glück sorgen und nicht davon ausgehen, dass der andere uns glücklich macht.
Es ist wundervoll, eine Partnerschaft auf Augenhöhe zu führen. Du kannst spüren, wie sehr dein Partner dich unterstützt, damit du deinen Seelenweg gehen kannst. Und das setzt voraus, dass auch du deinem Partner die Freiheit lässt, seinen Seelenweg an deiner Seite zu gehen. Du wünschst dir, dass der andere erfüllt und glücklich ist, und unterstützt ihn von ganzem Herzen, ohne dich dabei aufzuopfern. Ich schreibe hier bewusst von den Seelenwegen und nicht von Ego-Wünschen. Es gibt Anteile in uns, die Macht ausüben und manipulieren möchten und die Wünsche haben, die nicht liebevoll, sondern verletzend sind. Die gilt es nicht zu unterstützen, sondern liebevoll aufzudecken und gemeinsam mit dem Partner zu erlösen. Bedingungslose Liebe will, dass der andere seinen Seelenweg gehen kann. Du bist nicht gekommen, um die Bedürfnisse deines Partners zu erfüllen, so wie auch dein Partner nicht dafür verantwortlich ist, deine zu erfüllen.

Seit Jahrtausenden kümmern sich die Frauen um die Kinder, die Männer, das Haus und vergessen sich selbst. Wir leben in der Neuen Zeit, in der sich diese alten Strukturen zugunsten gleichberechtigter Wege auflösen dürfen.

Auch wenn es für eine Frau Zeiten im Leben gibt, in denen ihre ganze Konzentration auf die Familie und auf die Kinder gerichtet ist, sollte sie ihre Begabungen und ihre Berufung nicht aus den Augen verlieren.

Viele wunderbare Frauen aus meinem Umfeld sind noch einmal durchgestartet, nachdem die Kinder aus dem Haus oder so groß waren, dass sie nicht mehr die gesamte Aufmerksamkeit der Mutter und des Vaters brauchten. Ein ganz persönliches Beispiel möchte ich mit dir teilen. Ich bin das letzte von fünf Kindern, und als ich 18 Jahre alt wurde, hat meine Mutter beschlossen, erneut Gesangsunterricht zu nehmen, stand mit 50 wieder auf der Bühne und sang bis kurz vor ihrem Tod. Die urweibliche Kraft weiß, dass es nie zu spät ist, sich zu leben.
Wenn es dich allerdings glücklich macht und deine Berufung ist, deine Kinder zu behüten und später vielleicht deine Enkelkinder, dann genieße dies in vollen Zügen. Ein guter Seismograf dafür, ob wir auf dem richtigen Weg sind, ist, zu fühlen, ob wir glücklich, in Frieden und erfüllt sind. Wenn wir unzufrieden sind, dann lohnt es sich, zu schauen, welche Begabung, welcher Wunsch, welche Kreativität in uns und durch uns noch gelebt werden möchten. Und auch in diesem Sinne ist eine ebenbürtige Partnerschaft sehr kostbar, in der sich die beiden Partner unterstützen, motivieren und Mut machen, ihre Begabung, ihre Kreativität in die Welt zu tragen.

Eine glückliche ebenbürtige Partnerschaft lebt von dem Wissen, dass die männliche und die weibliche Seite einer Seele unterschiedlich handeln, denken und auch fühlen. Und es gilt, die Andersartigkeit des Partners wertzuschätzen, als Bereicherung zu erkennen und zu unterstützen. Hast du dich in diesem Leben in einen weiblichen Körper inkarniert und lebst deine Weiblichkeit, wirst du über Gespräche, über Entspannung und über das Miteinander Erkenntnis und Heilung erfahren. Wenn du mit deinem Partner über Probleme und Aufgaben sprichst, versucht er, eine Lösung für dich zu finden, auch wenn du diese gar nicht möchtest und dich nur mitteilen wolltest. Das ist das männliche Prinzip, es will Lösungen finden, Ziele erreichen, während die weibliche Seite noch kreiert. Das schafft Konfliktpotenzial.

Um eine wahre Partnerschaft zu führen, ist es wichtig, einzutauchen in die Andersartigkeit des anderen und diese lieben und nutzen zu lernen. Und auf keinen Fall zu erwarten, dass er so denkt und handelt wie man selbst. Die geheilte Männlichkeit unterstützt, sie gibt. Sie übernimmt nicht die Macht, sondern verbindet sich mit dem weiblichen Prinzip in Liebe und lässt dieses führen. Das allerdings geht nur, wenn das weibliche Prinzip schon so weise ist, dass es auf keinen Fall das männliche Prinzip manipulieren oder übertrumpfen will, sondern zum Wohle aller handelt. Das wahre Weibliche führt über einen schnellen Zugang zum Herzen und über die Intuition und den Kontakt zur Seelenebene zu Harmonie. Unsere Seelen kennen den richtigen Weg für die Partnerschaft. Verbinden wir uns mit der urweiblichen Quelle in uns, kommen wir in eine tiefe Zufriedenheit, aus der heraus wir in Liebe und Weisheit handeln. Strahlen wir diese Kraft aus, so wird auch das männliche Prinzip in Harmonie kommen und dem Weiblichen vertrauen.

Das ist die Partnerschaft der Neuen Zeit, es sind neue kraftvolle Wege.

Worte der weiblichen Urkraft

»Ich verbinde mich mit der urweiblichen Kraft in mir, und ich lasse mich mit Klarheit und Weisheit von meinem Herzen führen.«

RITUAL

Für dieses Ritual benötigst du:

- Wolle in zwei unterschiedlichen Farben
- 1 Zettel
- 1 Stift
- 1 Schere

Um dir bewusst zu werden, welche männlichen Prinzipien in deinen Gedanken, deinem Bewusstsein und Unterbewusstsein verankert sind, schreibe jetzt all das auf ein Blatt Papier, was du über Männer denkst und fühlst.
Frage dich laut: »*Was denke und fühle ich Negatives über Männer?*«, und schreibe die Antwort auf den Zettel. Dann frage dich: »*Was denke und fühle ich Positives über Männer?*«, und schreibe auch die Antworten auf.
Wiederhole die gleiche Übung mit den Fragen: »*Was habe ich in meiner Familie Negatives über Männer gelernt?*« und »*Was habe ich in meiner Familie Positives über Männer gelernt?*« Notiere alles, was in dir aufsteigt.
Wähle nun aus der Wolle die Farbe aus, die du für das männliche Prinzip verwenden möchtest. Schneide einen längeren Faden ab, und knote für jede negative Aussage und

für jeden negativen Gedanken über Männlichkeit einen Knoten hinein. Verbinde dich mit deinem Herzen, und stelle dir vor, dass mit jedem Knoten, den du knüpfst, ein negativer Gedanke und eine Überzeugung über Männlichkeit aus deinem Körper, aus deinem Energiefeld in die Wolle übergeht. Wiederhole jetzt all diese Schritte für das weibliche Prinzip. Knüpfe am Ende für jeden negativen Gedanken oder Glaubenssatz über das Weibliche einen Knoten in die andersfarbige Wolle mit der Intention, jetzt jegliche Negativität loszulassen.

Schneide nun je einen längeren Wollfaden von beiden Farben ab, und verzwirble sie ineinander zu einer Kordel. Lege aus dieser Kordel einen Kreis, der so groß ist, dass du gut darin stehen kannst.
Stelle dir vor, wie weißes Licht aus deinem linken Zeigefinger fließt. Ziehe mit diesem weißen Licht den Wollfaden nach, sodass ein geschlossener Ritualkreis entsteht.
Stelle dich in diesen Ritualkreis hinein. Schließe die Augen, und bitte jetzt Vater Sonne, mit seinem Licht von oben in deinen ganzen Körper zu fließen. Die Wärme, die Kraft, das goldene Licht von Vater Sonne fließt durch deinen Kopf in dich herein. Du kannst deine Kopfhaut, deinen Kiefer, deine Kaumuskeln durch dieses Licht immer mehr entspannen.
Es fließt über deinen Hals in deinen Oberkörper, weiter in deine Oberarme, Unterarme bis in die Fingerspitzen. Lasse das Licht einmal durch deinen ganzen Rumpf und über die Beckenknochen in deine Oberschenkel, Knie, Waden bis in die Füße strömen. Stelle dir nun vor, wie aus deinen Fußsohlen Wurzeln wachsen. Diese Wurzeln wachsen ganz tief in Mutter Erde hinein, bis zu ihrem rubinroten Herzen. Lasse

das Licht von Vater Sonne durch deine Wurzeln bis zum Herzen von Mutter Erde fließen. Du bist die Brücke zwischen Himmel und Erde.
Mutter Erde dankt dir, indem sie ihr rubinrotes Licht der Vitalität über deine Wurzeln in deinen ganzen Körper sendet. Das Licht von Vater Sonne und das rubinrote Licht von Mutter Erde vereinen sich nun in dir zu einem Strom der Vitalität, der Leichtigkeit und Verbundenheit – genieße es.
Bitte Vater Sonne und Mutter Erde, jetzt alle Negativität aus deinem Körper und deinem Energiefeld zu lösen. Spüre, wie sich jegliches Grau an Negativität auflöst und dafür das Licht von Vater Sonne und das rubinrote Licht von Mutter Erde Platz in dir einnehmen.

Nimm jetzt erneut einen Wollfaden für das männliche Prinzip, und knote alle positiven Eigenschaften und Überzeugungen, die dir dazu einfallen, hinein. Und dann vollziehe die gleiche Handlung für das weibliche Prinzip.
Drehe beide Fäden zusammen, und binde die Kordel um dein Hand- oder Fußgelenk. Ich empfehle dir, das Band mindestens 21 Tage lang zu tragen. Und jedes Mal, wenn es dir bewusst wird, erinnere dich an die positiven weiblichen und männlichen Aspekte, die jetzt in dir wohnen.

HEILREISE

Verbinde dich mit der urweiblichen Kraft in dir, atme dazu in dein Herz, und komme ganz darin an. Schließe die Augen, und bitte dein Höheres Selbst, das auch du selbst bist, um vollkommene Führung. Stelle dir vor, du stehst auf einer wunderschönen, sonnigen Wiese. Fühle Mutter Erde unter deinen Füßen, und nimm wahr, wie Vater Sonne dich wärmt. Du fühlst dich geborgen, behütet und geschützt. Jetzt siehst du nicht weit entfernt einen Hügel, der mit Gras bewachsen ist. Gehe ganz in deinem Tempo achtsam auf diesen Hügel zu. Während du über die Wiese gehst, nimm die wunderschönen Pflanzen wahr, die auf ihr wachsen, sie ist ein Teil deiner Seelenlandschaft. Beim Hügel angekommen, erkennst du, dass eine Gestalt oben auf dich wartet. Sie ist die Verkörperung des Urweiblichen. Sie ist ein Wesen voller Güte, Liebe, Dankbarkeit und Macht. Und sie ist ein Teil deines höheren Bewusstseins. Gehe jetzt Schritt für Schritt diesen Hügeln hinauf in dem Bewusstsein, dass du gleich auf einen Anteil von dir treffen wirst, der ein hohes Bewusstsein erreicht hat. Du fühlst dich von dieser Gestalt wie magisch angezogen. Sie steht jetzt dort mit ausgebreiteten Armen, um dich zu empfangen. Gehe auf sie zu, umarme sie, und lasse all ihre Kraft der Liebe, des Friedens und der Dankbarkeit in dich hereinfließen. Wenn du aufgeladen bist von diesen wundervollen Energien, nimmt die Urkraft des Weiblichen dich an die Hand, geht mit dir achtsam den Hügel hinab und führt dich zu einem Haus. Dieses Haus ist ein Teil deines Bewusstseins. Du wirst darin Anteile von dir treffen, die Heilung bedürfen. Es ist dein Seelenhaus.

Ihr steht nun vor der Tür, und du öffnest sie und siehst vor dir eine Halle in deinem Seelenhaus. Du betrittst sie. Von dieser Halle gehen viele Türen ab. Doch heute wählen wir eine Tür, auf der

»Partnerschaft« steht. Spüre noch einmal die liebende Kraft an deiner Seite, und gehe auf diese Tür zu. Hinter ihr werden sich Anteile von dir befinden, die noch nicht geheilt sind. Gemeinsam mit der Urkraft des Weiblichen öffnest du diese Tür und gehst hindurch. In dem Raum steht ein Sessel. Du nimmst Platz, und die weibliche Urkraft stellt sich in deinen Rücken. Du spürst ihre Energie der Liebe und der Unterstützung für dich. Jetzt erscheint vor dir ein Anteil von dir, der in einer Partnerschaft sehr verletzt worden ist. Frage dich als Erstes, welche Unterstützung du damals gebraucht hättest, um die Situation besser zu meistern. Stelle dir vor, dass diese Eigenschaft wie z. B. Selbstliebe, Selbstwert, Mut oder Vergebung von der weiblichen Urkraft in dich hereinfließt und dich auffüllt. Lasse eine Regenbogenlichtbrücke von deinem Herzen zu diesem verletzten Anteil von dir fließen, und fülle ihn mit der Energie auf. Beobachte, wie er heilsam berührt wird.
Jetzt frage dich, was dein damaliger Partner gebraucht hätte, um eure Partnerschaft liebevoller, achtsamer und harmonischer zu gestalten. Was hat ihm gefehlt? Mitgefühl, Achtsamkeit, ein Wir-Gefühl? Was auch immer es war, du empfängst es jetzt von der urweiblichen Kraft. Lasse es einmal durch dich hindurchfließen. Fülle dich ganz damit auf, und lasse abermals eine Regenbogenlichtbrücke aus deinem Herzen in das dieses Partners fließen, und lade ihn damit auf. Stelle dir jetzt eine Szene vor, wie ihr beide besser mit der damaligen Situation umgegangen wärt. Dann gehe zu deinem Anteil von dir selbst hin, der jetzt aufgeladen, in Frieden und Harmonie ist, umarme ihn, und er schmilzt als goldenes Licht in dein Herz hinein. Setze dich wieder in deinen Sessel.
Wir übernehmen viele Glaubensmuster von unseren Eltern, deshalb frage dich jetzt, was deine Eltern gebraucht hätten, um eine ebenbürtige, liebevolle Partnerschaft zu führen. Stelle dir vor, deine Eltern stehen jetzt in diesem Zimmer in deinem Seelenhaus.

Das Urweibliche lässt nun auch die Gaben, die deine Eltern dazu ermächtigt hätten, eine liebevollere und harmonischere Partnerschaft zu führen, in dich hereinfließen. Lasse diese Energien durch dich hindurch und von deinem Herzen auf einer Regenbogenlichtbrücke in die Herzen deiner Eltern fließen. Lade sie einmal ganz damit auf. Stelle dir nun eine Szene vor, wie beide liebevoll und harmonisch in einer ebenbürtigen Partnerschaft leben.
Diese Übung dient dazu, dass dein Bewusstsein ein neues Bild von wahrer Partnerschaft in sich bekräftigt. Deine Liebe bewirkt viel mehr, als du dir vorstellen kannst. Du kannst jederzeit in diesen Raum zurückkehren, um weiter an der wahren ebenbürtigen Partnerschaft zu arbeiten. Stehe nun auf, nimm das Urweibliche an die Hand, fühle seine Liebe, seine Güte und seine Kraft, und verlasst gemeinsam diesen Raum, die Halle und das Seelenhaus. Danke dem Urweiblichen an deiner Seite.
Atme ein paarmal tief ein und aus, öffne die Augen, komme zurück ins Hier und Jetzt, und genieße den Tag.

Deine Unterstützung für einen lichtvollen Alltag

Der Zugang zur Quelle des Urweiblichen entsteht in der Entspannung. Beginne den Morgen ganz bewusst, und nimm dir Zeit für dich selbst, tue dir Gutes, und tritt mit der inneren Quelle in Kontakt.

Es lohnt sich, dafür früher aufzustehen als die Familie und die Zeit am Morgen für dich allein in Stille und in der Verbundenheit mit der heilsamen Quelle in dir zu verbringen. Dies weckt eine Kraft in dir, die dich den ganzen Tag nährt. Viele gönnen sich im vollbepackten Alltag diese Zeit der Ruhe nicht. Das hat zur Folge, dass sie durch den Tag hetzen, um alles für ihre Liebsten oder die Arbeit zu erledigen, und am Abend sind sie erschöpft – und das zu Recht. Sie haben nicht gelernt, kleine Pausen zu machen und sich zwischendurch zu entspannen. **Wenn du dir zur Regel machst, kleine Pausen einzulegen, in denen du dich mit der dir innewohnenden Kraft verbindest, wirst du feststellen, dass dein Akku am Abend nicht leer ist.**

Ich weiß, bei einem vollen Tagesplan ist der Wunsch nach einer kurzen Verschnaufpause scheinbar nicht zu erfüllen. Doch es lohnt sich, denn du wirst feststellen, dass dein Tag weitaus schöner und entspannter für dich verläuft, auch wenn er sehr voll mit Terminen ist.

Schaue dir die Aufgaben des Tages ganz genau an, und überlege, welche Dinge du unbedingt heute erledigen musst. Wir leben in einer Leistungsgesellschaft, und in uns steckt noch das Gefühl, dass wir so viel wie möglich an einem Tag erledigen müssen, um gut und wertvoll zu sein. Wollen wir wirklich nach unserer Leistung beurteilt werden und nicht danach, wer wir sind? Erinnere dich an deine Kindheit. Wann hast du dich wohler gefühlt, wenn deine Mutter viel gearbeitet hat oder wenn sie einfach nur Zeit mit dir verbracht hat? Ein Kind freut sich, wenn die Eltern bloß entspannt anwesend sind, ohne etwas zu tun. Der urweibliche Weg zeichnet sich dadurch aus, entspannt zu geben, zu lieben und in Freude und Liebe zu handeln.

Wenn du das Frühstück für dich selbst oder für deine Liebsten machst, verbinde dich mit deinem Herzen, und lasse Liebe in alle Lebensmittel fließen, denn damit lädst du sie mit positiver Energie auf. Und die Freude am Tun wird dir weitere Kraft spenden. Es ist deine Entscheidung, ob du mit Lust und Freude einkaufen gehst und kochst oder ob du dies als Last empfindest. Eine Last nimmt dir Energie. Versuche, was auch immer du zu tun hast, mit Liebe zu vollbringen. Fühle in dich hinein, um zu bemerken, was es in dir auslöst. Alles, was du im Alltag bewältigst, ist kostbar, wenn du selbst dein Handeln wertschätzt.

Es gibt nichts Wertvolleres, als wenn du deine Kinder liebevoll versorgst. Denn dadurch fühlen sich deine Kinder geliebt, behütet und getragen. Das wird sie zu gefestigten und freundlichen Menschen werden lassen.

Du säst mit deiner Liebe den Samen für die Zukunft deiner Kinder und für die nächsten Generationen. Je mehr behütete Kinder es auf dieser Welt gibt, desto mehr Frieden wird herrschen. Es ist wichtig, zu begreifen, dass es nicht darum geht, sich als Eltern für die Kinder aufzuopfern. Denn wenn wir uns aufopfern, sind wir nicht in unsere Mitte und vergessen uns selbst. Fühle in dich hinein, und spüre, wie viel du wirklich geben willst und kannst.

Dieser achtsame Umgang mit dir selbst und mit deinem Umfeld braucht Übung und Zeit. Freue dich über jeden richtigen Schritt, und verurteile dich nicht, wenn du in alte Verhaltensmuster zurückfällst, sondern erkenne es, und entscheide dich neu.

Wenn du in Liebe und Frieden aus deinem Herzen heraus handelst, bist du mit der urweiblichen Kraft verbunden. Diese urweibliche Kraft segnet dein ganzes Umfeld durch dich. Und wenn dir einmal auffällt, dass du wieder durch den Tag hetzt, sei liebevoll zu dir. Wir sind in einem Umfeld groß geworden, in dem sich die Frauen oft selbst vergessen haben. Und das, was uns vorgelebt wird, übernehmen wir für unser eigenes Leben. Es kann aber auch sein, dass du eine Mutter oder Frauen in deinem Umfeld hattest, die sich nur um sich selbst gekümmert und andere vernachlässigt haben. Daraus ist dann der Entschluss entstanden, dass du es besser machen möchtest und du dich nur noch um andere kümmerst. Dieses Verhalten ist eine Kompensation, und diese kann und sollte aufgelöst werden, damit du wieder zu einem natürlichen Fluss von Geben und Nehmen, von Entspannung und Tun kommen kannst. Die weibliche Urkraft in dir ist voller Weisheit für dich selbst.

Worte der weiblichen Urkraft

»In Freude, Frieden und Liebe genieße ich meinen Tag.
Die weibliche Urkraft fließt immerwährend
in mir und durch mich.«

RITUAL

Für dieses Ritual,
das sich über deinen ganzen Tag erstreckt, benötigst du:

- 1 Kerze
- 1 Halbedel- oder Kieselstein, der gut in eine Hosentasche passt
- 1 Stift
- 1 Blatt Papier

Stehe heute eine Viertelstunde früher auf als üblich. Koche dir einen Tee oder einen Kaffee, und zünde eine Kerze an. Setze dich an einen Ort, an dem du dich wohl- und geborgen fühlst.

Atme ein paarmal tief ein und aus, und berühre mit deiner linken Hand deine Brust auf Herzhöhe. Spüre dein Herz, und gehe in Kontakt mit der liebenden Energie in ihm. Stelle dir vor, dass diese liebende Energie ein magentafarbenes Licht ist, lasse dieses Licht einmal ganz durch dich hindurchfließen.

Nimm jetzt den Stein, den du ausgewählt hast, in die Hände, und stelle dir vor, wie das magentafarbene Licht ihn auflädt. Danach nimm deine Tasse in die Hände, und lasse das magentafarbene Licht durch sie in das Getränk fließen. Trinke deinen Tee oder Kaffee in dem Bewusstsein, dass er mit Liebe aufgefüllt ist, dich stärkt und unterstützt.

Den Stein kannst du in deine Hosentasche stecken, und immer, wenn du heute die Kraft des Urweiblichen benötigst, kannst du ihn in die Hand nehmen, dich aufladen lassen und dich mit ihm verbinden.

Am Mittag nimm dir wieder eine Viertelstunde Zeit für dich. Suche eine Musik aus, die dich entspannt. Lege dich an einem Ort hin, an dem du ungestört bist, und lausche der Musik. Nimm deinen Stein in die Hand, und tritt mit der urweiblichen Kraft in Verbindung. Stelle dir vor, wie die urweibliche Weisheit, diese heilsame Energie, deinen ganzen Körper auflädt. Entspanne dich, empfange, und wenn die Zeit um ist, atme tief ein und aus, und kehre zurück in deinen Alltag.

Gönne dir am Abend erneut eine Viertelstunde ganz für dich. Zünde an einem Ort, an dem du ungestört bist, eine Kerze an. Nimm Papier und Stift, und schreibe auf, was du heute alles geleistet hast. Lasse keine Kleinigkeit aus. Danke dir selbst, sei stolz auf dich, schätze dich wert. Danke der urweiblichen Kraft für die Unterstützung in deinem Leben, und danke all jenen, die dir heute begegnet sind.

HEILREISE

Atme in dein Herz hinein, und komme ganz in ihm an. Schließe die Augen, und stelle dir vor, du stehst auf einer wundervollen sonnigen Wiese. Mutter Erde trägt dich, und Vater Sonne wärmt dich. Du siehst nun ein leuchtendes, liebendes und kraftvolles Wesen, das auf dich zukommt. Je näher es kommt, desto mehr spürst du seine Güte, Liebe und Unterstützung. Es ist deine urweibliche Kraft. Nimm sie in die Arme, und lasse sie in dein Herz und in dein ganzes Sein fließen.
Frage dich nun, wann du dich das letzte Mal ausgelaugt, nicht gesehen und nicht wertgeschätzt gefühlt hast. In einiger Entfer-

nung zeigt sich dir jetzt diese Begebenheit. Wer auch immer dabei war, erscheint nun auf deiner Wiese. Frage dich, welche Kraft und Gaben du in dieser Situation gebraucht hättest, um in deiner Mitte und im Frieden zu bleiben. Verbinde dich noch einmal mit der urweiblichen Kraft in dir, und stelle dir vor, dass jetzt genau diese Kraft und diese Gaben in deinem Herzen entstehen. Lasse eine Regenbogenlichtbrücke von deinem Herzen in diese Szene wachsen, und fülle alle Beteiligten und dich selbst mit den Gaben und der Liebe der urweiblichen Quelle auf. Sieh zu, wie sich die Stimmung wandelt, wie die Situation sich verändert und in Harmonie und Frieden kommt. Gehe nun auf den Anteil von dir in dieser Szene zu, und lade ihn über deine Regenbogenlichtbrücke erneut mit Kraft auf. Wenn dieser Teil von dir ganz aufgeladen ist, nimm ihn in die Arme, und lasse ihn als goldenes Licht in dein Herz fließen. Nachdem die Situation geheilt ist, löst sie sich vollständig in Licht auf, und du stehst wieder allein auf deiner Wiese.

In einiger Entfernung zeigen sich dir jetzt deine Eltern. Was hat deine Mutter dir vorgelebt, hat sie sich aufgeopfert? Hat sie sich Zeit für sich genommen, oder ist auch sie durch den Alltag gehetzt? Hat sie versucht, es allen recht zu machen, und hat sich selbst dabei vergessen? Oder hast du dich als Kind vernachlässigt gefühlt? Überlege nun, was deine Mutter gebraucht hätte, um in Harmonie und Frieden zu sein. Hätte sie Selbstwert und Selbstliebe gebraucht, oder fehlte ihr Mitgefühl? Lasse aus der urweiblichen Quelle in deinem Herzen genau diese Gaben in deine Mutter fließen. Du brauchst nur an die Gaben zu denken, und sie werden sich in deinem Herzen entwickeln. Lasse eine Brücke aus deinem Herzen zu deiner Mutter wachsen, und lade sie ganz mit dieser Kraft auf.

Dann frage dich, was dein Vater gebraucht hätte, um ein Leben in Harmonie zwischen Geben und Nehmen zu führen. Auch diese

Energie empfängst du von der urweiblichen Kraft aus deinem Herzen und gibst sie deinem Vater. Nachdem du deinen Eltern diese Gaben geschenkt hast, lasse die Regenbogenlichtbrücke wieder zu dir zurückfließen.
Stelle dir als Nächstes vor, wie deine Eltern reich an diesen Gaben mit dir umgegangen wären und wie du selbst diese Harmonie erlebt hättest. Gehe nun auf den Anteil von dir zu, umarme ihn, und lasse ihn als goldenes Licht in dein Herz fließen. Lasse ihn in diesem Glück, in dieser Harmonie in dir heranwachsen und so groß werden, wie du heute bist.
Deine Eltern verlassen die Wiese, und du siehst eine Lichtsäule aus weiß-goldenem Licht. Tritt in das Licht, und bitte es, dich von allen negativen Glaubensmustern und Erfahrungen deiner Kindheit zu befreien. Stelle dir vor, wie das Licht ganz durch dich hindurchfließt und alles aus deinem Körper und aus deinem Energiesystem herauslöst, was du an Negativität aufgenommen hast. Wenn du vollkommen davon befreit bist, verlasse die Lichtsäule wieder.
Nun erkennst du eine zweite, magentafarbene Lichtsäule. Stelle dich in sie hinein, und bitte das Licht, dich überall dort, wo jetzt Lücken entstanden sind, mit Selbstliebe, Selbstwert und Harmonie aufzufüllen. Verlasse die Lichtsäule erst, wenn du ganz aufgefüllt bist. Spüre noch einmal ganz intensiv die Kraft des heilsamen Urweiblichen. Atme ein paarmal tief ein und aus, komme ganz im Hier und Jetzt an, öffne die Augen, und genieße deinen Tag.

Dein Körper ist dein Tempel

Deine Seele bewohnt in diesem Leben deinen großartigen Körper. Dein Körper ist ein Wunderwerk. In jeder Sekunde laufen unzählige Vorgänge harmonisch in ihm ab, dass es wirklich einem Wunder gleicht. Je achtsamer und liebevoller du mit deinem Körper umgehst, desto besser geht es ihm. Eine gesunde ausgewogene Ernährung ist ein Zeichen deiner Selbstliebe. Denn wenn du dich und somit auch deinen physischen Körper liebst, wirst du dir ganz automatisch Gutes tun. Anders ist es, wenn du versuchst, dich mit Essen zu trösten, und dann zu viel Süßes oder ungesunde Dinge isst, die deinen Körper belasten. Erst einmal fühlt es sich gut an, wenn du dich mit einem Stück Torte, oder was auch immer dich dann ruft, tröstest. Doch wenn dein Körper das Essen schlecht verdauen kann, wird es dich belasten.

Achte darauf, welche Energien das Essen in sich trägt. Wenn du selbst kochst, habe dabei positive Gedanken, sende Liebe in das, was du zubereitest, denn dieses Essen nährt deine Zellen, und wenn du es mit Liebe segnest, werden deine Zellen Liebe erhalten. Wenn du in einem Restaurant isst, könntest du Licht in das Essen fließen lassen, denn du weißt nicht, welche Laune der Koch hatte, welche Energie von ihm in das Essen übergegangen ist, die du dann zu dir nimmst.

Beobachte, wie es dir geht, nachdem du etwas gegessen hast, und finde auf diesem Weg selbst heraus, was deinem Körpertempel und dir guttut. Pflege deinen Tempel, deinen Körper. Auch Emotionen und Gefühle näheren ihn. Wenn wir z. B. sauer sind, werden Bo-

tenstoffe an unsere Zellen ausgesandt, die genau diese Information in sich tragen. Je länger dieser Zustand anhält, desto wahrscheinlicher wird es, dass auch unser Körper sauer wird. Alle Gedanken und Gefühle, die du hast, werden sich auch auf deinen Körper, der der Tempel deiner Seele ist, auswirken.
»Die Seele schweigt, der Körper spricht«, heißt es. Das heißt, unser Körper drückt die Botschaften unserer Seele, die wir nicht hören, physisch aus. Wenn Disharmonien und Krankheit entstehen, haben diese auch einen seelischen Grund. Wenn wir verliebt sind und vollkommen im Glück, ist es wahrscheinlich, dass wir auch gesund sind. Mit dieser Sichtweise auf Krankheit und Gesundheit zu schauen, ist hochinteressant.

Die urweibliche Kraft, die in unserem Herzen wohnt, findet auch im dem Schoß der Frauen ihren Ausdruck. In der Vergangenheit und noch heute in einigen Naturvölkern hatten und haben die Menschen Angst vor der weiblichen Menstruation. Die Frauen wurden während dieser Zeit oft separiert. Ein Grund dafür könnte sein, dass wir Frauen in dieser besonderen Zeit besonders kraftvoll sind. Und auch heute beobachte ich junge Frauen, die ihre Regelblutung als etwas sehr Negatives empfinden.
Die Vorgänge im weiblichen Körper sind heilig, im Schoßraum empfangen wir. Mutter Erde mit all ihrer Kraft verbindet sich über das Basis- und das Sakralchakra mit uns. Das sind die beiden unteren Energiezentren unseres Körpers. **Der weibliche Schoß ist heilig, dein Körper ist heilig, du bist heilig.**
Es ist Zeit, dass wir das Wunder und die Einzigartigkeit unseres weiblichen Körpers ehren und achten. Jeder Körper ist besonders und vollkommen. Wir durchlaufen mit unserem Körper verschiedene Lebensphasen, und jede davon ist kostbar. Und jede Falte und Linie, die sich an unserem Körper und in unserem Gesicht zeigt,

erzählt von unserer Lebensgeschichte. Eine glatte junge Haut ist hübsch, doch meiner Meinung nach braucht es Reife, um Schönheit in die Welt zu bringen, und diese darf sich auch durch Linien und Falten im Gesicht widerspiegeln. Ein schöner Körper zeigt die Spuren des Lebens.
Schätze deinen Körper, und danke ihm, er ist für dieses Leben dein Tempel. Liebe ihn, und pflege ihn auf allen Ebenen.

Worte der weiblichen Urkraft

»Ich danke meinem wundervollen Körper, der der Tempel meiner Seele ist. Ich liebe mich bedingungslos in allen Facetten meines Seins.«

RITUAL

Für dieses Ritual benötigst du:

- Teelichte
- 1 Kerze
- 1 Feuerzeug
- Rosenwasser
- 1 kleine Schale oder Tasse
- Rosenblätter
- Körperöl
- Mandeln

Erschaffe dir einen Platz, an dem du ungestört bist, bequem sitzen kannst und dich sehr wohlfühlst.
Lege die Rosenblätter in einem Kreis um deinen Platz herum, und spüre dabei, wie dieser zu deinem Ritualplatz wird. Stelle jetzt die Teelichte innen entlang deines Rosenblätter-Kreises auf, sodass du, wenn die Teelichte brennen, von einem leuchtenden Kreis umgeben bist.
Zünde nun die Teelichte an. Zünde auch die Kerze an, und platziere sie so, dass du sie gut sehen kannst. Positioniere dein Körperöl, dein Rosenwasser sowie deine Mandeln in Reichweite deines Platzes. Fülle nun das Rosenwasser in die Schale oder Tasse, und halte sie in deinen Händen, atme in dein Herz hinein, und begib dich mit deiner Aufmerksamkeit ganz in dein Herz.
Bitte jetzt die urweibliche Kraft in dir, dich in deinem Herzen mit bedingungsloser Liebe und Dankbarkeit zu erfüllen. Nimm wahr, wie sich bedingungslose Liebe und Dankbarkeit in dir ausbreiten. Das magentafarbene Licht der urweiblichen Kraft, das von dieser wundervollen Energie aufgeladen ist, fließt aus deinem Herzen in deine Schulter, Schulterblätter, Oberarme, Unterarme bis in deine Hände hinein. Aus deinen Händen fließt es hinaus in das Gefäß und in das Rosenwasser hinein. Das Rosenwasser wird zu einem kraftvollen Energiefeld der bedingungslosen Liebe und Dankbarkeit.
Stelle das Gefäß so hin, dass du es ganz bequem von deinem Platz aus erreichen kannst. Atme in dein Herz hinein, und tauche den Zeigefinger deiner linken Hand in das Rosenwasser. Halte den benetzten Finger jetzt an dein Kronenchakra, das oben auf deinem Scheitel liegt, und sage laut:
»Ich danke meinem Körper, der der Tempel meiner Seele ist,

dass er feinstoffliche Energien und die Verbindung zu meiner Seele trägt. Ich segne meinen Körper in Dankbarkeit und mit bedingungsloser Liebe.«

Tauche den Zeigefinger deiner linken Hand abermals in das Gefäß mit Rosenwasser, halte ihn an dein Drittes Auge, das zwischen den Augenbrauen liegt, und sage laut: *»Ich danke meinen Augen, dass sie mich sehen lassen, und jeder einzelnen Zelle meines Körpers für ihr Sein, ihr seid kostbar und voller Wunder.«*

Tauche deinen Zeigefinger wieder in das Rosenwasser, und halte ihn an dein Halschakra, während du sprichst: *»Ich danke meinem Körper, dass er die Worte meines Herzens in Sprache wandelt, und ich bitte die bedingungslose Liebe, meine Sprache zu durchdringen.«*

Tauche deinen linken Zeigefinger erneut ein, halte ihn an dein Herzchakra, und sage laut: *»Ich danke meinem Körper für mein Herz, und ich segne es mit bedingungsloser Liebe und Dankbarkeit.«*

Tauche erneut den Zeigefinger deiner linken Hand in das Rosenwasser, halte ihn an dein Solarplexuschakra an deinem Oberbauch, und sprich laut: *»Ich vertraue meinem Körper, und ich bin dankbar, dass er mir so liebevoll und wahrhaftig dient. Ich fülle ihn auf mit bedingungsloser Liebe und Dankbarkeit.«*

Tauche deinen linken Zeigefinger in das Rosenwasser, halte ihn an dein Sakralchakra, und sage laut: *»Ich danke mit bedingungsloser Liebe meinem wundervollen Körper für seine Fruchtbarkeit, sein Empfangen, für seine Heiligkeit.«*

Tauche den Zeigefinger deiner linken Hand ein letztes Mal in das Rosenwasser, und halte ihn an dein Basischakra, das zwischen Anus und Genitalien liegt. Sage dabei laut: *»Ich*

danke meinem Körper, dass er mich mit Mutter Erde verbindet und mit mir meine Visionen erschafft und manifestiert.«
Nimm nun das Körperöl, und massiere bewusst in bedingungsloser Liebe und Dankbarkeit deine Hände damit. Lasse die Liebe aus deinem Herzen über deine Schultern, Oberarme, Unterarme in deine Hände fließen und aus den Händen hinaus.
Jetzt nimm eine Mandel, und lasse bedingungslose Liebe und Dankbarkeit für jede Zelle deines Körpers in diese Mandel fließen. Iss sie dann in dem Bewusstsein, dass diese Mandel ein Geschenk für deinen Körper ist. Stelle dir vor, wie ihre Energie jede Zelle deines Körpers mit bedingungsloser Liebe und Dankbarkeit erfüllt.
Beende das Ritual, indem du die Kerzen löschst. Atme ein paarmal tief ein und aus, und genieße den Tag.

HEILREISE

Atme in dein Herz hinein, und komme ganz in ihm an. Bitte dein Höheres Selbst, das du auch selbst bist, um vollkommene Führung. Schließe die Augen, atme noch einmal in dein Herz, und verbinde dich mit der Quelle des Urweiblichen, die in deinem Herzen wohnt. Nimm wahr, wie viel Liebe und Güte sich in deinem Herzen ausbreiten und aus deinem Herzen in deinen ganzen Körper strömen, auch in dein energetisches Umfeld. Atme ein weiteres Mal tief ein und aus.
Beim Ausatmen befindest du dich mit deinem Bewusstsein in einen Raum in deinem Herzen, der golden leuchtet. Lasse dich

ganz von diesem Gold erfüllen. Nimm wahr, wie jede Zelle deines Körpers von dem Gold erfüllt wird, besonders dein Solarplexus, der Sitz deines Urvertrauens, das jetzt gestärkt wird. Schocks, Traumata und negative Erlebnisse können hier gespeichert sein. Jetzt bitte das Urweibliche in deinem Herzen, sich ganz in deinem Solarplexus in deinem Oberbauch auszubreiten und alle Schocks und Traumata, die jetzt erlöst werden dürfen, zu erlösen. Vielleicht bemerkst du, wie du immer leichter wirst und immer mehr in dir ankommst. Lasse das Licht des Urweiblichen eine Weile in dir wirken.

In diesem goldenen Raum befindet sich ein wunderschöner Sessel, in dem du jetzt Platz nehmen darfst. Das Gold des Raumes nährt dich weiterhin mit Urvertrauen, Verbindung und Geborgenheit. Atme abermals in dein Herz hinein, und frage dich, wie viele Anteile von dir aus der Gegenwart und aus der Vergangenheit über deinen Körper urteilen, ihn nicht lieben und nicht annehmen können, wie er ist. Deine Intuition weiß es. Lasse eine Zahl aus deinem Unterbewusstsein in dir aufsteigen. Falls du keine Zahl erhältst, rate einfach, und vertraue dir.

Stelle dir dann vor, dass sich diese Anteile jetzt in deinem goldenen Raum manifestieren. Es können kindliche Anteile sein, es können Anteile aus deiner Pubertät sein oder aus dem Hier und Jetzt. Frage dich, was diesen Anteilen von dir gefehlt hat, weshalb du dich selbst und deinen Körper, der der Tempel deiner Seele ist, verurteilt hast. Hat dir Selbstliebe gefehlt, Toleranz dir selbst gegenüber, Selbstwert, oder bist du vielleicht von anderen verurteilt worden? Atme noch einmal in dein Herz hinein, und sei ganz in diesem präsent. Du bist vollkommen, so, wie du bist. Du bist wertvoll, wundervoll, einzigartig, und du bist genau so gewollt, wie du bist.

Stelle dir jetzt vor, wie das Urweibliche in deinem Herzen deine zweifelnden Anteile voller Güte und Liebe ansieht. Diese Kraftquelle des Weiblichen sendet über eine Regenbogenlichtbrücke Selbstliebe, Selbstwert und Wertschätzung zu jedem dieser Anteile, woraufhin diese zu strahlen beginnen. Die Selbstliebe, der Selbstwert und die Wertschätzung erreichen auch dich – lasse dich einmal ganz davon erfüllen, und nimm wahr, wie sehr du geliebt bist. Nun sind alle Anteile von dir aufgeladen und strahlen. Einer nach dem anderen kommt zu dir. Umarme ihn, und fühle die Liebe, die jetzt von ihm ausgeht. In der Umarmung schmilzt er und wird zu goldenem Licht. Lasse dieses Licht in dein Herz und in dein ganzes Sein fließen.

Bitte nun dein Höheres Selbst, alle Schocks, Traumata und Herzensbrüche zu heilen, die jetzt zum höchsten Wohl deiner Seele geheilt werden dürfen. Stelle dir vor, wie das goldene Licht sich in jeder Zelle deines Seins ausbreitet und Erlösung, Befreiung und Heilung stattfinden.

Frage jetzt deinen Körpertempel, was er sich von dir wünscht. Welche Zuwendung brauchst er? Welche Nahrung liebt er? Welche Pflege würde ihm guttun? Und während du diese Fragen stellst, horche in dich hinein. Vielleicht bekommst du Bilder, Worte, ein Gefühl oder eine Ahnung. Dein Körper antwortet dir bestimmt.

Damit du vollkommen geerdet, verankert und ganz in dir selbst zu Hause bist, stelle dir vor, dass Wurzeln aus deinen Fußsohlen wachsen, tief in Mutter Erde hinein. Spüre, wie sie dir Kraft und Erdung schenkt. Danke der Großen Mutter, und lasse die Wurzeln sich in deine Fußsohlen zurückziehen. Atme dann noch ein paarmal tief ein und aus, öffne die Augen, und komme ganz in deiner Zeit zurück ins Hier und Jetzt. Du bist vollkommen verankert in deinem Körper und begleitet von der Kraft des Urweiblichen.

Die weibliche Urkraft fließt durch dich in diese Welt

Öffne dich für die Gaben des Urweiblichen in deinem Herzen, und schenke sie dir und dieser Welt. Sie werden durch dich dein Umfeld und deine Familie nähren, sie berühren und unterstützen. Lasse das Wirken in deinem Leben zu einen liebevollen Fluss werden, der durch dich fließt und diese Welt zu einem besseren Ort macht. Die folgenden Kapitel stärken dein Bewusstsein für diese Kraft.

Mit Sanftmut kannst du die Zukunft positiv verändern

Die Sanftmut wird die Welt in den Frieden führen. Die urweibliche Kraft, die in uns allen wohnt, möchte uns auf den Weg der Sanftmut führen. Denn wenn wir sie entwickeln können wir mutig sein, unsere eigene Meinung zu vertreten, aus dem Herzen heraus in Liebe zu sprechen und zu handeln, und Dinge verändern, die nicht zum Wohle der Allgemeinheit und nicht zu unserem eigenen Wohle sind.

Wir leben in einer Welt, in der Macht regiert, die vom Verstand gesteuert wird und sich durch Kämpfe, Dominanz und Geld ausdrückt. Auch heutzutage verdienen Frauen oft noch weniger als ihre männlichen Kollegen in der gleichen Position. Um das zu ändern, müssen auch wir Frauen etwas in uns verändern. Wir müssen aus der Opferrolle aussteigen, die Ebenbürtigkeit in uns als selbstverständlich verankern und unseren Selbstwert, unsere Selbstliebe stärken, denen ich in diesem Buch ein ganzes Kapitel gewidmet habe (siehe S. 114).

Der erste Schritt zur Sanftmut ist, dass wir Frauen lernen, dass wir so, wie wir sind, genug sind, wertvoll, vollkommen und großartig. Sei sanftmütig mit dir selbst, und untersuche deine Glaubenssätze in Bezug auf Mut.

Wir Frauen müssen lernen, diese Kraft in uns selbst zu spüren, sie wertzuschätzen und sie im Alltag anzuwenden. Was möchtest du schon lange verwirklichen, was möchtest du der Welt mitteilen, welche Ideen wollen durch dich in diese Welt geboren werden? Der größte Schöpfungsakt auf dieser Erde ist es, ein Kind zu bekommen. Und das Universum hat uns Frauen dazu ausgewählt, diese Fähigkeit zu haben, denn wir sind machtvoll, und wir tragen eine große soziale Kompetenz in uns, die uns befähigt, eine Familie zu leiten, einen Clan und auch große Firmen. Ich kenne ein paar Frauen, die große Unternehmen führen, und die mit ihrer sozialen Kompetenz hochgradig erfolgreich für alle Beteiligten sind.
In Sanftmut zu handeln und in Sanftmut zu kreieren, bedeutet, dass du den Mut in dir trägst, deine Wünsche zu verwirklichen. Du weißt, du musst dich nicht verteidigen, sondern du handelst aus deinem Herzen, in einem starken Selbstverständnis für deine Sache. Auch wenn von außen Gegenwind kommt, akzep-

tieren wir diese Kritik mit Verständnis und gehen weiter unseren Weg, ohne sie zu beurteilen. Deine Ideen, deine Schöpfung, deine Gaben müssen anderen nicht gefallen. Sie müssen dir gefallen, wertschätze, was du kreieren willst. Sanft zu sein, bedeutet nicht, schwach zu sein, du kannst in Liebe und Sanftmut dein Anliegen in die Welt bringen. Es gibt einen wunderbaren Satz, den ich von einem kraftvollen Schamanen namens Spirit Bear gelernt habe: »Wenn Menschen auf dich zukommen und dir deine Ideen ausreden wollen, kämpfe nicht, verteidige dich nicht, das würde dir nur Kraft rauben, die du brauchst, um deine Träume zu verwirklichen. Bedanke dich stattdessen für ihren Hinweis, und bewege ihn in deinem Herzen.«

Durch die jahrtausendelang männlich geprägte Welt sind wir Frauen heute noch schüchtern mit unseren Herzenswünschen. Und leider manipulieren viele Frauen Männer über die Sexualität, oder sie zeigen sich als schwach und hilflos, um von den Männern »gerettet« zu werden. Doch das hat nichts mit Sanftmut zu tun, sie degradieren sich dadurch nur. Sie manipulieren, weil ihnen der Mut fehlt, zu ihrer Meinung zu stehen und ihre Projekte zu verfolgen, auch wenn der Mann sie nicht gut findet. Doch du darfst dir auch Wünsche erfüllen, die dein Partner, deine Familie oder wer auch immer nicht gutheißen. Am weiblichen Wesen wird die Welt genesen, wenn wir mutig genug sind, zu unseren Gefühlen und zu unseren Herzenswünschen zu stehen, sie verwirklichen, auch wenn andere sie falsch finden. Diese Verurteilung können wir segnen und akzeptieren, dass manche Menschen einfach eine andere Meinung haben.

In den meisten Fällen sind die Zweifel, die uns im Außen entgegenkommen, Zweifel, die wir selbst in uns haben. Schaue in dein Herz, schreibe deine Zweifel auf, und berühre sie heilsam,

indem du sie akzeptierst und annimmst. Gib ihnen keine Macht. Wenn du deine Zweifel und Ängste akzeptierst, werden sie an Kraft verlieren. Wenn du sie aber ablehnst und wegschiebst, dann könnte es sein, dass sie dir im Außen durch Menschen wieder begegnen werden. Du könntest Kritik, die dir entgegenkommt, nutzen, um tief in dir zu schauen, welche Ängste und Zweifel in dir schlummern. Sieh die Welt als Spiegel. Mehr zu diesem Thema findest du im Kapitel »Wie innen, so außen – die Welt ist dein Spiegel« ab S. 19. Deine Herzenswünsche, deine Ideen, deine aus Sanftmut gesprochenen Worte sind kostbar, und deine weibliche Seite wünscht sich, dass du sie wertschätzt. Entdecke dich neu in dieser Sanftmut, mit dieser Kraft, schätze sie, lebe sie, und wisse, dass sie der heilige Balsam sein kann, der in unserer Welt vieles zum Guten wandelt, auch durch dich.

Worte der weiblichen Urkraft

»Ich erfülle meine Wünsche und verfolge
meine Ideen in Sanftmut.
Die weibliche Urkraft in mir stärkt,
unterstützt und leitet mich in Liebe zum Erfolg.«

RITUAL

Für dieses Ritual benötigst du:
- 1 Kerze
- Teelichte
- 1 Feuerzeug
- Steine, Rosenblätter oder 3 lange Wollfäden

Lege aus den Steinen, aus zwei Wollfäden oder aus Rosenblättern zwei Kreise, die etwa einen Meter voneinander entfernt sind.
Zwischen die beiden Kreise legst du jetzt aus weiteren Rosenblättern, Steinen oder einem Wollfaden einen Weg, der die Kreise verbindet. Suche dir einen der Kreise aus, der deine Zukunft symbolisiert, stelle die Kerze in diesen Kreis hinein, und zünde sie an. Der andere Kreis symbolisiert deine Gegenwart. Verbinde die Kreise und den Weg, indem du dir vorstellst, dass Licht aus deinem linken Zeigefinger fließt. Zeichne die Kreise in der Luft mit deinem Zeigefinger nach, und stelle dir vor, wie das Licht deinen Ritualplatz energetisiert.
Stelle nun Teelichte am Rand des Weges auf, und umrahme den Zukunftskreis mit ihnen. Zünde die Teelichte mit der Intention an, dass dich ihr Licht auf deinem Weg begleitet und dich auf deinem neuen Platz im Leben stärkt.
Stelle dich jetzt in den Kreis hinein, der für deine Gegenwart steht, und bitte das violette Licht der Transformation, in deinen Kopf und in deinen ganzen Körper zu fließen. Stelle dir vor, dass ein violettes Licht von oben aus dem Himmel in dich herein und aus deinen Poren in dein Energiefeld fließt. Jetzt bitte das violette Licht, alle Glaubenssätze, alle toxi-

schen Energien, alle Minderwertigkeit, alle Ängste in dir zu löschen und zu transformieren. Bitte darum, dass alles in dir gewandelt wird, was nicht zum höchsten Wohle deiner Seele ist. Gib dir die Zeit, und genieße das Licht, die Transformation und diese Befreiung. Wenn du dich ganz befreit fühlst, danke dem violetten Licht.
Gehe jetzt Schritt für Schritt den erleuchteten Weg entlang in den zweiten Kreis, der für deine Zukunft steht. Gehe in dem Bewusstsein, dass du alles Alte zurücklässt. In dir ist Raum für Sanftmut, Kreativität und einen starken Willen. Wenn du an dem Zukunftskreis angekommen bist, gehe ganz bewusst den Schritt in den Kreis hinein, mit der Intention, deinen neuen Platz in dieser Welt voller Sanftmut einzunehmen. Verbinde dich mit deinem Herzen, indem du deine Hände darauflegst. Bitte die urweibliche Kraft in dir, dich zu unterstützen, zu stärken und zu leiten. Das magentafarbene Licht der urweiblichen Kraft breitet sich in deinem Herzen aus und schenkt dir Sanftmut, Kreativität und einen starken Willen. Lasse diese Kraft von deinem Herzen aus in dein ganzes Sein fließen. Und falls du schon weißt, wofür du die Sanftmut brauchst, lasse die Energie der urweiblichen Kraft in dein Vorhaben fließen. Schaue dann in die Kerze, sie symbolisiert das Licht in dir. Stelle dir vor, dass die Kerzenflamme jetzt in deinem Herzen ist, sich ganz in ihm ausbreitet und das Licht über deine Arme in deine Hände und aus ihnen hinausfließt. Sage nun: *»Möge das Licht jede meiner Handlungen führen.«*
Jetzt stelle dir vor, dass das Licht der Flamme aus deinem Herzen in deinen Brustkorb, deinen Hals und bis zu deinem Mund fließt. Bitte nun: *»Möge das Licht über meine Worte in die Welt fließen.«*

Als Nächstes lasse das Licht der Flamme zu deinen Augen fließen, und sage: *»Möge das Licht über meine Augen in die Welt fließen.«*
Lasse die Flamme nun zu deinen Füßen strömen, und stelle dir vor, dass das Licht der Flamme aus deinen Fußsohlen in Mutter Erde fließt. Bitte jetzt: *»Möge ich mit jedem Schritt, den ich gehe, Achtsamkeit und Liebe durch dieses Licht in all meine Projekte und in die Welt tragen.«*
Lasse in deiner Vorstellung die Flamme nun wieder zurück in dein Herz fließen. Danke der Flamme, danke der urweiblichen Kraft in dir, und bitte die urweibliche Kraft und die Flamme, Sanftmut in jede Zelle deines Körpers zu senden. Stelle dir vor, wie sich diese Flamme, die dein Licht symbolisiert, und die urweibliche Kraft in dir verbinden und deinen Körper und dein Energiesystem einmal ganz erfüllen. Genieße es. Wenn du das Gefühl hast, dass du genug aufgeladen bist, dann atme ein paarmal tief ein und aus, und komme zurück ins Hier und Jetzt. Lösche die Kerzen, dies ist dein Zeichen dafür, dass das Ritual offiziell beendet ist.

HEILREISE

Erschaffe dir einen Platz, an dem du ungestört bist und an dem du dich wohl- und geborgen fühlst. Leise Hintergrundmusik könnte dich auf deiner Heilreise begleiten. Atme in dein Herz hinein, und komme ganz in ihm an. Bitte dein Höheres Selbst um vollkommene Führung, und schließe die Augen.

Du befindest dich jetzt in einem wunderschönen Garten. Prachtvolle Blumen verströmen ihren wundervollen Duft. Und inmitten dieses Gartens steht ein großer, mächtiger, wundervoller Baum. Setze dich zu seinen Wurzeln, und stelle dir vor, wie jetzt Wurzeln aus deinen Fußsohlen tief in Mutter Erde hineinwachsen, bis zu ihrem rubinroten Herzen. Lasse Dankbarkeit und Liebe aus deinem Herzen über die Wurzeln in das Herz von Mutter Erde fließen. Unsere Mutter Erde ist der Inbegriff der Sanftmut. Und ihr rubinrotes Herz schickt dir jetzt ihre Liebe, ihre Sanftmut und Kraft. Nimm wahr, wie kraftvolles, sanftes und liebendes Licht über deine Fußsohlen und deine Beine in deinen ganzen Rumpf fließen und von dort aus bis in deinen Kopf hinein. Das rubinrote Licht strömt weiter, aus deinem Kopf hinaus in den Himmel, bis zur Sonne. Und die Sonne antwortet voller Dankbarkeit und sendet dir ihre Strahlen, ihre Kraft. Lasse diese Kraft, diese Strahlen jetzt in deinen Kopf, durch deinen ganzen Rumpf, in deine Beine bis in die Fußspitzen fließen, und genieße ihre Wärme. Und stelle dir vor, wie das Sonnenlicht durch deine Füße, über deine Fußwurzeln tief in Mutter Erde bis zu ihrem Herzen strömt. Du bist die Brücke zwischen Himmel und Erde. Atme in dein Herz hinein, und fühle, wie das Licht der Sonne und die rubinrote Kraft von Mutter Erde sich in deinem Herzen mit der Quelle der urweiblichen Kraft verbinden. Genieße diese Kraft und die Verbindung.

Und nun frage dich, ob deine Mutter ihre Sanftmut und ihre Wünsche gelebt hat. Wie war es bei deinen Großmüttern, haben sie ein erfülltes Leben führen können? Frage dich, was deine Mutter und deine Großmütter gebraucht hätten, um ihre Sanftmut zu erfahren und sich auszuleben. Hatten sie Selbstwert, Selbstliebe und die Kraft, sich ebenbürtig zu fühlen und sich ihre Träume zu erfüllen? Stelle dir nun vor, wie deine Mutter und deine Großmütter vor dir in deinem Garten stehen. Aus deinem Herzen lässt du eine Regenbogenlichtbrücke zu ihnen wachsen und sendest ihnen darüber Sanftmut, Kraft und Selbstliebe. Nähre sie mit der Kraft der Urweiblichkeit. Bedanke dich bei ihnen, dass sie vor dir da waren. Sie verneigen sich vor dir, und du verneigst dich vor ihnen, bevor sie deinen Garten wieder verlassen.

Denke jetzt an eine Idee, einen Wunsch, ein Projekt, das in deinem Herzen wohnt und das du verwirklichen möchtest. Verbinde dich mit der weiblichen Urkraft in dir, und nähre deinen Wunsch, dein Projekt mit dieser Kraft. Stelle dir dich selbst vor, sieh dich mit Sanftmut handeln, fühle die Kraft in jeder Zelle deines Seins. Male es dir in den buntesten Farben aus, und fühle, wie du dein Projekt verwirklichst und damit erfolgreich bist.
Wenn du ganz von der Vorstellung erfüllt bist, danke Mutter Erde, danke dem Baum, und stehe wieder auf. Atme ein paarmal tief ein und aus, komme zurück ins Hier und Jetzt, öffne die Augen, und genieße den Tag.

Deine Kunst, heilsam zu lieben

Die urweibliche Kraft lebt in einer unserer tieferen Ebenen, die wir nur in der Entspannung erreichen. Wenn eine Person entspannt ist, in ihrem Herzen ruht und mit der urweiblichen Kraftquelle in sich verbunden ist, ist es ihr möglich, heilsam zu wirken. Sowohl Körper als auch Seele können durch ihre bedingungslose Liebe wieder in Harmonie gebracht werden, wenn wir dafür offen sind. Dabei ist zu beachten, dass kein Druck aufgebaut, sondern aus Liebe, in Mitgefühl und Güte gehandelt wird, ohne ein Ergebnis zu erwarten. Dann kann die Person, der geholfen wird, durch die Bedingungslosigkeit und Güte, die sie erfährt, ein neues Gefühl sich selbst gegenüber entwickeln. Viele Menschen lieben sich nicht und fühlen sich nicht geliebt. Doch erfahren sie bedingungslose Liebe und Güte, kann in ihnen der Heilungsprozess beginnen, wenn er zum höchsten Wohle seiner oder ihrer Seele geschieht.

Die Gegenwart einer Frau, die ihr heiliges urweibliches Potenzial lebt, wird ihre ganze Umgebung mit dieser liebenden, heilsamen Energie versorgen. Ob die Menschen in ihrem Umfeld diese Gabe annehmen oder nicht, ist immer die Entscheidung der jeweiligen Seele. Ich weiß, dass es schwer ist, wenn ein geliebter Mensch die Heilung nicht annimmt, doch sollten wir wissen, dass die Seele dieses Menschen ihren ganz eigenen Weg gewählt hat, der für sie richtig ist.
Bist du mit der urweiblichen Kraft verbunden, können die Menschen in deinem Blick Trost finden, von deinen Händen heilsam berührt werden und sich durch deine Worte geliebt fühlen. Wenn du dich mit deinem Herzen und der urweiblichen Quelle in ihm

verbindest, bedingungslose Liebe, Güte und Dankbarkeit fühlst, kannst du dir vorstellen, wie diese wunderbaren Gaben aus deinem Herzen über deine Arme und Hände, die die Verlängerung deines Herzens sind, zu anderen Menschen fließen. Dies geschieht, indem du deine Hände liebevoll und heilsam an den Stellen auflegst, wo der Körper eines Menschen, der deine Liebe und Gabe zulassen kann, in Disharmonie geraten ist. Auch hier ist die Voraussetzung, dass du dabei kein Ziel verfolgst, sondern einfach lieben willst. Lasse die heilsame Kraft, die heilsame Wirkung geschehen, die geschehen soll. Gibt es Menschen in deinem Umfeld, von denen du weißt, dass es ihnen zurzeit nicht gut geht, kannst du liebevoll an sie denken. Wir sind alle energetisch miteinander verbunden. Stelle dir vor, wie die Menschen, an die du denkst, vollkommen glücklich und gesund sind. Durch die positive Vorstellung und Zuversicht sendest du heilsame Wellen an sie aus. Wenn du dir starke Sorgen um jemanden machst, hat auch das eine Wirkung. Es könnte die Person schwächen, da sie mit dir verbunden ist, so, wie wir alle miteinander verbunden sind. Schicke dann positive, inspirierende Gedanken, die sie auf ihrem Weg der Heilung unterstützen.

Die urweibliche Kraft, die wir in uns tragen,
kann einen Menschen unterstützen,
sich innerlich wieder aufzurichten.

Wenn du in dieser Kraft bist und jemandem eine liebevolle Umarmung schenkst, ist diese heilsam. Unsere Welt vermisst Umarmungen, die nicht wollen, sondern einfach nur sind, die zu nichts führen, sondern einfach liebevolle Kraft spenden. In unserer Gesellschaft ist Berührung oft mit Sexualität verknüpft. Auch diese kann heilsam sein, wenn sie liebevoll und achtsam gelebt wird. Doch die Berührung, von der ich spreche, ist die bedingungslo-

se Berührung. Sie schenkt die Sicherheit und Geborgenheit, die zurzeit in einem hohen Maße fehlen. Wenn sich ein Mensch geliebt und geborgen fühlt, werden seine Handlung immer mehr aus der Liebe heraus geschehen.
Wenn du einen Menschen länger in deinen Armen hältst, um ihn einfach bedingungslos zu lieben, zu stärken und zu unterstützen, ist das die Kunst, heilsam zu lieben. Und du erschaffst Wunder der Liebe. Der Gewinn dabei ist, dass all die Wunder, alle Heilung auch in dir geschehen. Deine Berührungen in Liebe sind heilsam.

Wenn Kinder sich verletzt haben und wir sie in den Arm nehmen und pusten oder die Hand auflegen, ist schnell alles wieder gut. Das ist die urweibliche Kraft, die Mutterenergie, die gleichermaßen in Frauen und in Männern wohnt. Und in jedem von uns steckt ein kleines Kind, das in aufgabenreichen Tagen diesen heilsamen, bedingungslosen Fluss der Liebe bräuchte. Doch nur die wenigsten von uns wissen davon. Wenn wir uns bewusst werden, dass diese Kraft in uns schlummert, kann sie heilsamer Balsam für die Seelen aller Menschen in unserem Umfeld sein.

Worte der weiblichen Urkraft

*»Ich lebe die Kunst der Frauen,
heilsam zu lieben, und ich schenke sie
allen Wesen in meinem Umfeld.«*

RITUAL

Für dieses Ritual benötigst du:

- Rosenwasser
- 1 kleine Schale
- Rosenblätter

Gieße zuerst etwas Rosenwasser in die Schale.
Energetisiere das Rosenwasser, indem du die Schale auf Höhe deines Herzens hältst. Stelle dir vor, dass die Liebe deines Herzens durch deine Hände in die Schale mit Rosenwasser fließt. Konzentriere dich nun auf die Liebe des Kosmos, und stelle dir vor, dass ihre Energie in das Rosenwasser fließt. Als Nächstes verbinde dich mit Mutter Erde, und stelle dir vor, wie ihre Energie auf das Rosenwasser übergeht. Jetzt ist das Wasser bereit für dein Ritual.
Lege aus den Rosenblättern einen Kreis, der groß genug ist, dass du dich hineinsetzen kannst. Die Schale mit Rosenwasser solltest du von deinem Platz aus gut erreichen können. Bevor du dich jetzt in deinen Ritualkreis setzt, stelle dir vor, dass du unter einem regenbogenfarbenen Wasserfall stehst, der aus Tausenden kleinen glitzernden Sternen besteht, die in dein Energiefeld und in deinen ganzen Körper fließen. Lasse die Tausenden glitzernden, regenbogenfarbenen Sterne deinen ganzen Körper reinigen, befreien und erfüllen. Stelle dir vor, wie sie dich energetisieren und klären. Lasse diese Reinigung so lange geschehen, bis du dich ganz befreit fühlst. Dann danke diesem wunderbaren energetischen Wasserfall.

Setze dich nun in deinen Kreis aus Rosenblättern. Tauche deinen linken Zeigefinger in das Rosenwasser, und sage: *»Ich* *verbinde die Liebe, die mich erschuf und erhält, mit der Liebe, die das Rosenwasser erschuf und erhält. Ich ehre und achte dich und empfange deine liebende Wirkung.«*

Halte jetzt deinen Zeigefinger an dein Kronenchakra, das auf deinem Scheitel liegt, und sage: *»Heilsames Rosenwasser, reinige, heile, befreie, zentriere und schütze mein Kronenchakra, ich bin bereit, die Liebe des Kosmos zu empfangen.«*

Atme ein paarmal tief ein und aus, und spüre die Verbindung zum Kosmos.

Tauche deinen Zeigefinger abermals in das Rosenwasser, halte ihn liebend an dein Drittes Auge, das zwischen deinen Augenbrauen liegt, und sage: *»Heilsames Rosenwasser, reinige, heile, befreie, zentriere und schütze mein Drittes Auge, ich bin bereit, andere Ebenen mit Liebe zu betrachten.«*

Atme tief ein und aus, und fühle die Wirkung.

Tauche deinen Zeigefinger erneut in das Rosenwasser, führe ihn an deinen Hals, wo das Halschakra liegt, und sage: *»Heilsames Rosenwasser, reinige, heile, befreie, aktiviere und schütze mein Halschakra. Ich bin bereit, meine Worte in Liebe zu wählen und auszusprechen.«*

Fühle die Wirkung, und atme abermals tief in dein Herz hinein.

Tauche deinen Zeigefinger jetzt wieder in das Rosenwasser, halte ihn an dein Herz, wo sich das Herzchakra befindet, und sage: *»Heilsames Rosenwasser, reinige, heile, befreie, zentriere und schütze mein Herzchakra. Ich bin bereit, aus meinem Herzen zu handeln.«*

Atme in dein Herz hinein, und nimm es wahr.

Dann tauche abermals deinen linken Zeigefinger in das Wasser, halte ihn an deinen Solarplexus am Oberbauch, und sage: *»Heilsames Rosenwasser, reinige, heile, befreie, zentriere*

und schütze mein Solarplexuschakra. Ich lasse zu, dass die Liebe und Urkraft des Weiblichen mein Urvertrauen stärken.« Lasse die Stärkung zu.
Tauche erneut deinen Zeigefinger in das Rosenwasser, halte deinen Finger an dein Sakralchakra an deinem Unterleib, und sage: *»Heilsames Rosenwasser, reinige, heile, befreie, zentriere und schütze mein Sakralchakra. Ich bin bereit, Lebensfreude und Kreativität zu leben.«*
Spüre, wie dein Unterleib diesen heilsamen Balsam dankbar aufnimmt.
Jetzt tauche ein letztes Mal deinen Zeigefinger in das Wasser, halte ihn auf dein Basischakra, das zwischen Anus und den Genitalien liegt, und sage: *»Heilsames Rosenwasser, reinige, heile, befreie, zentriere und schütze mein Basischakra. Ich öffne mich der Urkraft von Mutter Erde, ich lasse die Kraft von Mutter Erde zu.«*
Du könntest dir dabei vorstellen, wie das rubinrote Licht von Mutter Erde über deine Fußsohlen in dich einfließt und deinen ganzen Unterleib erfüllt.
Verreibe jetzt etwas von dem Rosenwasser zwischen deinen Handflächen, und halte deine Hände an dein Herz. Stelle dir dabei vor, wie dein Herz die Liebe des Rosenwassers in sich aufnimmt. Dein Herz reagiert, indem es wie eine Rose erblüht, voller Liebe, Güte und Kraft. Nimm diese Energien in deinem Herzen wahr, und lasse sie dein ganzes Sein erfüllen.
Du kannst diese Liebe und Kraft jetzt einem Menschen in deinem Umfeld senden. Denke an ihn, und sende ihm bedingungslos diese wunderbare heilsame Energie.
Dann atme ein paarmal tief ein und aus, bedanke dich bei dem Rosenwasser, bei den Rosenblättern, und bedanke dich bei dir, dass du dir die Zeit für dieses Ritual genommen hast.

HEILREISE

Atme in dein Herz hinein, und komme ganz in ihm an. Bitte dein Höheres Selbst, das du auch selbst bist, um vollkommene Führung. Schließe die Augen, und stelle dir vor, wie sich die Energie deines Höheren Selbst von deiner inneren Mitte, deinem Solarplexus, aus in dir ausbreitet. Selbstwert, Urvertrauen und Kraft fließen jetzt in dein ganzes Sein. Genieße es.
Stelle dir vor, du stehst vor einer wunderschönen perlmuttfarbenen Wendeltreppe, die dich in deine Herzenskammer führt. Diese Herzenskammer ist smaragdgrün und von Gold durchwoben, sie ist erfüllt von Kraft, Liebe, Mitgefühl und Heilung für dich.
Deine Wendeltreppe hat genau zehn Stufen. Gehe jetzt Stufe für Stufe hinab, in dem Bewusstsein, dass jede Stufe dich tiefer in deine Herzensenergie führt. Von der letzten Stufe aus kannst du in deine Herzenskammer hineinschauen. Gehe jetzt den letzten Schritt. Lasse dich von der Kraft der Kammer auffüllen. Wie aus dem Nichts kommt ein Lichtwesen auf dich zu, es ist die Hüterin deines Herzens. Dieses Wesen ist seit Anbeginn deiner Zeit an deiner Seite und unterstützt dich. Es behütet dein Herz und kennt all deine Geschichten.
Jetzt erblickst du einen wunderschönen Sessel, du fühlst dich wie magisch von ihm angezogen und nimmst in ihm Platz. Vor dir entsteht ein wunderschöner Brunnen aus Kristall, dessen Wasser rosa, silbern und magentafarben schillert. Dieser Brunnen ist die niemals versiegende Quelle der bedingungslosen Liebe in deinem Herzen. Von Anbeginn deiner Zeit fließt sie in dir und nährt dich. Sie ist die reine Liebe, die nicht durch Verletzungen oder Herzensbrüche getrübt werden kann. Dieser Brunnen ist so groß, dass du dich in ihn hineinsetzen kannst.

Stehe nun auf, lege deine Kleider ab, und setze dich in den Brunnen. Das Wasser der Liebe wärmt dich, nährt dich und liebt dich. Es versorgt dich mit liebender Güte, lasse seine heilsamen Schwingungen in jede Zelle deines Körpers fließen. Ganz besonders an die Stellen, in denen du Anspannung oder Verspannungen spürst. Wenn du ganz aufgefüllt und gereinigt bist, stehe wieder auf, und die Hüterin deines Herzens reibt dich mit einem ganz warmen, kuscheligen Handtuch sanft und liebevoll trocken. Sie reicht dir wunderschöne Kleidung, die dich in Liebe einhüllt.

Setze dich wieder in deinen Sessel, verbinde dich mit deinem Herzen, und spüre diesen heilsamen Brunnen in ihm. Denke jetzt an einen Menschen, der zurzeit deine Unterstützung brauchen könnte. Konzentriere dich auf den Brunnen in deinem Herzen, und lasse seine wundervolle Energie durch dich zu dieser Person fließen. Stelle dir vor, dass auch sie von der Essenz dieses liebenden Flusses gereinigt und aufgeladen wird. Und wenn du das Gefühl hast, sie hat genug empfangen, konzentriere dich wieder auf dein Herz. Jetzt frage dich, zu welcher Zeit in deiner Vergangenheit du diese Kraft gebraucht hättest. Stelle dir dich in dieser vergangenen Situation vor, und lasse sie sich jetzt mit bedingungsloser Liebe, Mitgefühl und Vergebung füllen und alle Beteiligten durch diese heilsame Energie berührt werden. Frieden und Harmonie können einkehren.

Stelle dir vor, dass dieser Anteil von dir aus der damaligen Situation jetzt in deiner Herzenskammer steht, aufgeladen vom heilsamen Balsam der Liebe. Umarme ihn, sieh, wie er als goldenes Licht in dich hereinfließt, und lasse ihn in der geheilten Form in dir heranwachsen. Bitte dein Höheres Selbst, alle Herzensbrüche, Schocks und Traumata zu heilen, die ihren Ursprung in der da-

maligen Situation hatten, in alle Richtungen der Zeit und auf allen Ebenen. Genieße die Heilung.
Und wenn du so weit bist, dann stehe wieder auf, danke dem Brunnen und dem Lichtwesen in deinem Herzen. Gehe ganz in deiner Zeit Stufe für Stufe die Wendeltreppe hinauf, in dem Bewusstsein, dass jede Stufe dich immer weiter in das Wachbewusstsein trägt. Komme zurück ins Hier und Jetzt, öffne die Augen, und genieße den Tag.

Deine Hingabe an die Intuition

Um mit der heilsamen weiblichen Quelle in dir in Kontakt treten zu können, ist es wichtig, dass du erfährst und wahrnimmst, was Hingabe wirklich bedeutet. Hingabe ist nicht Aufopferung, Unterwerfung oder Unterordnung. Über Jahrtausende hinweg ist uns vermittelt worden, dass Hingabe eine Form der Schwäche und Unterwerfung ist. Wahre Hingabe aber bedeutet, dass du auf dein Herz hörst, das verbunden ist mit deiner Seele, die genau weiß, was du in diesem Leben lernen, erfahren und leben möchtest.

Wenn wir uns unserem Seelenweg hingeben,
ermöglicht dieser Weg auch den Kontakt mit den höheren Ebenen,
mit unserer göttlichen Kraft,
die jedem von uns zur Verfügung steht.

Hingabe bedeutet, du gibst dich deiner inneren Stimme, deinem Höheren Selbst, deinem Seelenweg, deinem Herzen hin. Wenn du dich der heilsamen Weiblichkeit hingibst wie der Liebe, der Kraft, der Güte und Zuwendung, dann kann sie für dich und durch dich wirken. Du wirst fühlen, dass sie ein Teil von dir ist. Die meisten von uns haben jedoch früh gelernt, dass sie auf sich allein gestellt sind, und so ist das Bewusstsein für Hilfe schnell verkümmert. Zudem haben wir in der Regel den Wunsch, dass sich Dinge so entwickeln, wie unser Verstand es sich vorgestellt hat. Wenn diese Vorstellung nicht mit unserem Herzensweg und dem Willen unserer Seele übereinstimmt, versuchen wir trotzdem, unseren Verstandes-Willen durchzusetzen, obwohl er uns oft nicht guttut. Es ist wie bei einem Kind, das zu viel Süßes möchte und fest davon überzeugt ist, dass es ihm guttut, auch wenn das gesunde Maß schon lange überschritten ist.

Es gibt unseren bewussten Verstand, und es gibt unser Herz. In unserer westlichen Welt ist der Verstand dem Herzen übergeordnet worden. Schauen wir uns einmal das Weltgeschehen unter diesem Gesichtspunkt an, erkennen wir, dass es der ganzen Menschheit besser gehen würde, wenn das Herz führte. Und auf dem Weg dahin ist die Menschheit, auch wenn wir es noch nicht überall erkennen können. Im besten Fall sagt dein Herz, wohin es will, was es möchte, und dein Verstand dient ihm bei der Umsetzung. Die Hingabe an deine Seele führt über dein Herz. Wenn dein Verstand führen will, wird er dich in den seltensten Fällen ins Glück führen. Deine Intuition, die eng mit deinem Herzen verbunden ist, ist hingegen eine gute Beraterin. Dafür musst du den Weg frei machen und dich den Lösungen und Geschenken der Intuition hingeben. Wir werden unendlich geliebt, und die Schöpferkraft möchte uns beschenken, wenn wir es zulassen. Wenn du wirklich deinen Seelenplan verfolgen und deinen Herzensweg gehen möchtest, ist es erforderlich, die eine oder andere Idee, die du nur aus deinem Verstand und nicht aus deinem Herzen geboren hast, wieder loszulassen. Wenn du dich deinem Seelenweg hingeben möchtest, musst du lernen, deinem Herzen zuzuhören, dir Zeiten der Stille einzuräumen und mit der weiblichen Essenz in dir in Verbindung zu treten. Deine weibliche Quelle kennt den Weg deines Herzens und den Weg in dein Glück. Gib dich deinem Herzensweg hin, dann wird der Himmel dich tatkräftig unterstützen.

Worte der weiblichen Urkraft

»Ich gebe mich meiner Seele, meinem Seelenplan und der Schöpferkraft in mir hin. Ich bin geliebt, ich bin geborgen, und ich bin in Sicherheit.«

RITUAL

Für dieses Ritual benötigst du:

- Steine (Kieselsteine oder Halbedelsteine, z. B. Rosenquarze)
- 1 Kerze
- 1 Feuerzeug

Lege zwei Steinkreise (einen inneren und einen äußeren), die so groß sind, dass du bequem im inneren Kreis sitzen und im äußeren Kreis stehen kannst. Die Steine, die du dazu verwendest, können Kieselsteine sein oder auch Rosenquarze, die für die Herzensenergie stehen, oder andere Halbedelsteine. Verbinde dich mit den Steinen über die Worte: *»Ich verbinde die Liebe, die mich kreiert und erhält, mit der Liebe, die euch Steinwesen kreiert und erhält.«*
Stelle dir nun vor, wie aus deinem Herzen rosa Licht in die Steine fließt und alle Steine zu einem energetischen Steinkreis verbindet.
Stelle in den inneren Kreis eine brennende Kerze, und bitte dein Höheres Selbst um vollkommene Führung. Nimm

wahr, wie du immer ruhiger wirst und das goldene Licht deines Höheren Selbst dich durchflutet.

Stelle dich zuerst in den äußeren Kreis. Verbinde dich mit deinem bewussten Verstand, und danke ihm, dass er dir dient. Gehe nun ganz bewusst in den inneren Kreis, und stelle dir dabei vor, wie deine Aufmerksamkeit von deinem Verstand in dein Herz wandert.

Setze dich nun hin, und berühre mit deiner linken Hand dein Herz. Stelle dir vor, wie du deine ganze Aufmerksamkeit in deinem Herzen sammelst, und atme tief und ruhig ein und aus. Schaue nun in die Flamme der Kerze. Dann schließe die Augen, und sieh die Flamme vor deinem geistigen Auge. Lasse deinen Kopf von dem Licht erhellen. Dann beobachte, wie die Flamme über deinen Hals in deinen Oberkörper bis zu deinem Herzen wandert. Lasse dein Herz von diesem Licht erstrahlen. Atme wieder tief ein und aus, und beim nächsten Ausatmen befindest du dich inmitten des Lichts in deinem Herzen. Jetzt frage dein Herz, was es sich wünscht, was ihm fehlt oder was ihm guttut. Und wenn dein Herz dir geantwortet hat, dann bitte die weibliche Essenz in dir, deinem Herzen diesen Wunsch zu erfüllen. Bitte dein Höheres Selbst um vollkommene Führung und darum, dass es dich leitet. Erwarte nichts, sondern öffne dich, gib dich dem hin, was dir geschenkt wird. Die Quelle des magentafarbenen Lichts der Weiblichkeit öffnet sich in deinem Herzen. Das Licht fließt jetzt als Energie in dir und nährt dich mit all dem, was du dir wünschst. Genieße, und nimm wahr, wie du erfüllt wirst. Danke deinem Herzen, und danke dir für diese Zeit der liebenden Verbindung.

Stehe nun auf, und werde dir bewusst, dass das Ritual beendet ist, wenn du aus deinen Steinkreisen hinaustrittst.

HEILREISE

Atme in dein Herz hinein, komme ganz in ihm an, und bitte dein Höheres Selbst um vollkommene Führung. Schließe die Augen, und stelle dir vor, wie sich dein Höheres Selbst als ein goldenes Licht in dir ausbreitet. Ein goldenes Licht voller Harmonie, Kraft und heilsamer Weiblichkeit. Das Licht fließt in jede Zelle deines Seins. Lasse es besonders deinen Solarplexus nähren, das stärkt dein Urvertrauen.

Stelle dir jetzt vor, du stehst vor einer perlmuttfarbenen Wendeltreppe. Diese Wendeltreppe hat zehn Stufen, die dich hinab in deine Herzenskammer führen. Du stehst auf der obersten Stufe deiner Wendeltreppe. Gehe jetzt Stufe für Stufe hinab in dem Wissen, dass jede Stufe dich tiefer in dein spirituelles Bewusstsein führt. Wenn du an der letzten Stufe angekommen bist, schaust du in einen smaragdgrünen, von Gold durchwobenen Raum, deine Herzenskammer. Die Energie dieses Raumes ist gefüllt mit Heilung, Liebe und Geborgenheit. Gehe nun den Schritt in deine Herzenskammer, und fühle den Boden unter deinen Füßen, der dich liebevoll trägt. Nimm die Heilung, Liebe und Geborgenheit dieses Ortes in dich auf, und lasse dich heilsam von ihnen berühren.

Eine Lichtgestalt kommt jetzt auf dich zu. Es ist die Hüterin deines Herzens, sie spricht zu dir: »Seit Anbeginn deiner Zeit bin ich an deiner Seite, nichts, was du jemals gesagt oder getan hast, könnte dazu führen, dass ich nur einen Millimeter von deiner Seite rücke, ich bin immer für dich da.« Dann zeigt sie auf einen Sessel und bittet dich, dort Platz zu nehmen. Nachdem du dich gesetzt hast, stellt sich die Hüterin deines Herzens hinter dich, und du spürst ihre Hände auf deinen Schultern, die dich sanft berühren und mit Heilung erfüllen. Genieße ihre heilsamen Energien.

Nun bitte dein Höheres Selbst, mit seiner Liebe und seiner transformatorischen Kraft alle Überzeugungen, Glaubenssätze, Erlebnisse, die dich daran hindern, dass du dich deinem Herzen, deiner Seele, deinem Seelenplan hingibst, jetzt in dir in Liebe zu wandeln. Bitte darum, alle Überzeugungen, dass Hingabe Aufopferung, Unterwerfung und Unterordnung bedeutet, jetzt in dir zu transformieren, auf allen Ebenen, in alle Richtungen der Zeit. Stelle dir vor, wie das goldene Licht deines Höheren Selbst sich ganz in dir ausbreitet, in jeder Zelle deines Körpers und deines gesamten Energiefeldes. Nimm wahr, wie du immer freier wirst und immer mehr bei dir ankommst, während das goldene Licht jede Zelle deines Seins erreicht. Wenn du ganz davon erfüllt bist, bitte die heilsame Kraft des Urweiblichen, dich ganz mit ihrem magentafarbenen Strahl der Hingabe aufzuladen, die Energie und Kraft der Hingabe in dein gesamtes Sein zu senden. Lasse zu, dass der Strahl der Hingabe dich ganz erfüllt, nimm wahr, wie Frieden, Stille, Selbstbewusstsein und ein tiefes Gefühl des Getragen-Seins sich in dir ausbreiten. Deine Hingabe ermöglicht es dir, dich als schöpferisches, heiliges Wesen wahrzunehmen. Genieße diesen Moment, genieße diese Energie in deinem Herzen.
Und wenn du vollständig aufgeladen bist, danke deinem Höheren Selbst und deiner Hüterin des Herzens. Verabschiede dich von ihnen, und gehe die zehn Stufen deiner Wendeltreppe in dem Bewusstsein hinauf, dass jede Stufe dich weiter in das Wachbewusstsein trägt. Und wenn auf der obersten Stufe der Treppe angekommen bist, bist du vollkommen zurück im Hier und Jetzt und öffnest deine Augen.

Lebe und liebe deine Führungskraft

In uns Frauen ist eine ganz natürliche und weise Führungskraft angelegt. Sie kommt nicht aus dem Verstand, und es geht in keiner Weise um Macht, die sich über andere Menschen erhebt. Unsere Führungskraft liegt in unserem Herzen. Es ist die Fähigkeit, einen Raum zu betreten und mit der Herzenskraft wahrzunehmen, was für eine Stimmung herrscht. Es ist die Fähigkeit, eine Familie zu leiten, sicherzustellen, dass alle in dieser Familie ihren Platz finden und gleichberechtigt und in Ebenbürtigkeit miteinander leben können.

Bei den Indianern Nordamerikas, z. B. den Pueblo-Indianern in New Mexico in den USA, werden einige Stämme von Frauen geleitet. Wenn ein Stammesmitglied stirbt, erbt die jüngste Tochter dieser Familie alles, um es dann gerecht an alle Familienmitglieder zu verteilen.

Der Herzenswunsch der Frauen, dass es allen in der Gemeinschaft gut geht, ermächtigt sie zu einer natürlichen, liebevollen Autorität. Diese Führungskraft ist kostbar und heilsam für die gesamte Gemeinschaft. Dafür müssen die Frauen in ihrer Kraft und mit dem urweiblichen Prinzip verbunden sein. Am weiblichen Wesen wird die Welt genesen. Meiner Meinung nach spricht dieser Satz aus, was die Führungskraft einer Frau bewirken kann, wenn sie diese Kraft aus dem Herzen heraus lebt. Denn die soziale Kompetenz der Frauen, Ebenbürtigkeit und Gerechtigkeit zu leben und einen Platz für jedes Wesen einer Gemeinschaft zu finden, bringt Frieden. Die urweibliche Kraft behält den Überblick und stellt sicher, dass es allen Wesen in ihrem Umfeld gut geht. Um diese Gaben zu leben, brauchen wir eine ausbalancierte innere Mitte und das Bewusstsein, dass alle Menschen gleich wertvoll sind. Dafür müssen wir Frauen bereit sein, eigene Ego-Strukturen aufzulösen. Nur dann können wir abwägen und fühlen, was wir und die Gemeinschaft brauchen, um in Harmonie zu sein. Denn wenn wir uns selbst vergessen und aufopfern, sind wir nicht in unserer Kraft. Dies wiederum ist für die Gesellschaft nicht gut. Es braucht ein Bewusstsein dafür, welche Bedürfnisse ich habe, um in Harmonie zu sein, und welche Kraft die Gemeinschaft von mir braucht. Im besten Fall ist es ein ausgewogenes Verhältnis von Geben und Empfangen. Die Quelle der urweibliche Kraft in uns kennt das richtige Maß. Wenn wir der Welt um uns herum die urweibliche Kraft schenken, dann wird es uns selbst zutiefst befriedigen und glücklich machen.

Die letzten Jahrtausende haben zumeist das maskuline Prinzip und die Verstandesebene geführt.
In der Neuen Zeit, in der wir uns jetzt befinden, geht es darum, dass die Frauen in ihre Führungskraft des Herzens kommen.

Für das Allgemeinwohl müssen sie wieder das Zepter der Herzensführung in die Hand nehmen, um mit Weisheit, Liebe, Verstand und Mitgefühl zu leiten. Wir sind aufgerufen, die heilsame Kraft, die uns innewohnt, die Führungskraft der Weiblichkeit in Weisheit für die Gemeinschaft zu leben. Diese wundervolle Kraft können wir dann leben, wenn wir selbstbewusst und mit Selbstliebe handeln. Die hohe soziale Kompetenz könnte in vielen Bereichen unserer Welt die Lösung der Probleme sein.

Worte der weiblichen Urkraft

*»Urweibliche Kraft, breite dich in mir aus.
Ich führe in Liebe mit Weisheit aus meinem Herzen
zum Wohle aller Wesen.«*

RITUAL

Für dieses Ritual benötigst du:

- 2 Blatt Papier
- 1 Stift
- 1 Kerze
- 8 Teelichte
- 1 Feuerzeug
- Rosenwasser oder Rosenblätter
- Weißen Salbei oder Raucherstäbchen
- 1 Schale oder Untertasse

Als Erstes schaffe dir einen Platz, an dem du dich wohl- und geborgen fühlst und an dem du ungestört bist.
Zünde die Kerze an.
Zur Reinigung zünde deine Raucherstäbchen oder den Weißen Salbei an. Wenn du Salbei verwendest, fächere die Flamme mit der Hand aus, sodass der Salbei Rauch entwickelt, aber nicht mehr brennt. Halte eine Schale oder eine Untertasse unter den Salbei, damit keine Teilchen auf deinem Teppich oder auf deinen Tisch fallen.
Lasse nun den Rauch des Salbeis oder der Räucherstäbchen sich in deinem Energiefeld, deiner Aura, ausbreiten. Sei dir

bewusst, dass alle Belastungen des Alltags jetzt durch diese wunderbaren Essenzen aus deiner Aura gelöst werden. Genieße es. Und führe die Räucherung so lange fort, bis du dich ganz frei und gereinigt fühlst.

Um in die weibliche Führungskraft zu kommen, ist es wichtig, alte Überzeugungen und Erfahrungen, die negativ waren, loszulassen. Schreibe dazu alle alten Überzeugungen, Glaubenssätze und Erfahrungen auf, die du auf negative Art und Weise mit der weiblichen Führungskraft verbindest. Nimm dir genug Zeit dafür.

Jetzt schreibe auf, wie aus deiner Sicht eine weibliche Führungskraft gelebt werden sollte. Um diese Frage zu beantworten, verbinde dich mit deinem Herzen, indem du ein paarmal tief in dein Herz atmest und deine linke Hand auf dein Herz legst.

Du kannst jetzt das Blatt Papier, auf dem du die alten Verhaltensmuster und Erfahrungen notiert hast, entweder zerreißen oder in einer Schale verbrennen.

Danach setze dich so hin, dass du die Flamme deiner Kerze sehen kannst. Schaue in die Flamme, schließe dann deine Augen, und stelle dir vor, dass die Flamme sich inmitten deines Kopfes entfaltet. Bitte diese Flamme nun, alle alten Überzeugungen und Erfahrungen, die du loslassen möchtest, aus deinem Körper, aus jeder Zelle zu lösen. Jetzt lasse die Flamme durch deinen Körper wandern und jede Zelle mit ihrem Licht erfüllen in dem Bewusstsein, dass jetzt alle negativen Überzeugungen aus deinem System gelöst werden und du befreit bist.

Gib jetzt ein paar Tropfen Rosenwasser in deine linke Hand, lege deine rechte Hand auf deine linke. Jetzt lies laut vor, welche weiblichen Führungsqualitäten du gern leben möchtest. Über deine Stimme fließen diese Qualitäten als Energien in das Rosenwasser hinein. Wasser ist ein hervorragender Energieträger, und die Rose ist ein Symbol des urweiblichen Prinzips. Verreibe das Rosenwasser nun zwischen deinen Handflächen, und fächere es liebevoll und achtsam in deine Aura, in dein Energiefeld, um dich herum.

Träufle erneut ein paar Tropfen Rosenwasser in deine linke Hand. Lege deine rechte Hand auf deine linke, und lies erneut die Eigenschaften und Qualitäten, die du für dich als weibliche Führungskraft in dir auferstehen lassen möchtest. Sei dir abermals bewusst, dass du das Rosenwasser mit diesen Qualitäten auflädst.

Lege deine Hände sanft und liebevoll auf deinen Kopf. Stelle dir vor, wie diese Eigenschaften als Energie in diesen hereinfließen. Nimm dir die Zeit, die du brauchst, um deinen ganzen Kopf mit dieser wunderbaren Energie zu versorgen. Dann berühre deine Schultern, und stelle dir vor, wie diese Energie deine Schulter erfüllt und deinen ganzen Oberkörper. Berühre als Nächstes dein Herz, und stelle dir erneut vor, wie diese wundervolle Energie dein Herz erfüllt. Dein Herz antwortet mit Liebe und Freude.

Führe diese liebevolle Handlung durch, bis du jede Zelle deines Körpers erfüllt hast. Nimm dir die Zeit, die du brauchst. Setze dich jetzt so hin, dass du die acht Teelichte um dich herumstellen kannst. Zünde die Teelichte in dem Bewusstsein an, dass sie ein Symbol für die Menschen in deinem Leben sind. Nimm nun die Kerze in die Hand, und stelle dir vor, dass das Kerzenlicht in deinem Herzen leuchtet. Verbinde im Geiste das Kerzenlicht mit deinem Herzen. Lasse eine Regenbogenlichtbrücke aus deinem Herzen zu allen acht Lichtern fließen, und verbinde auch die Teelichte im Geiste

miteinander. Du hast jetzt ein Netz aus Licht gewebt. Aus deinem Herzen um dich herum. Genieße es. Du kannst dir auch vorstellen, dass die acht Teelichte Personen sind, die dir besonders wichtig sind.
Spüre, wie deine Herzensenergie mit der urweiblichen Kraft dich selbst und deine Umgebung nährt. Wenn du das Gefühl hast, dass du verinnerlicht hast, welche Kraft in dir steckt und dass diese heilsame Energie zum Wohle aller geflossen ist, beende das Ritual. Und genieße den Tag.

HEILREISE

Atme in dein Herz hinein, und komme ganz in ihm an. Schließe die Augen, und bitte dein Höheres Selbst um vollkommene Führung. Das goldene Licht deines Höheren Selbst fließt jetzt in deinen Solarplexus und von dort aus in deinen ganzen Körper. In jeder Zelle hinterlässt es Liebe, Güte und Geborgenheit. Nimm wahr, wie es dich innerlich und äußerlich aufrichtet.
Stelle dir nun vor, dass du vor einer wunderschönen, perlmuttfarbenen Wendeltreppe stehst. Die zehn Stufen der Wendeltreppe führen dich direkt in deine Herzenskammer. Bitte dein Höheres Selbst abermals um vollkommen Führung, und steige die zehn Stufen hinab, genau in der Geschwindigkeit, die dir guttut. Wenn du auf der letzten Stufe angekommen bist, kannst du in einen wunderschönen, smaragdgrünen und von Gold durchwobenen Raum blicken. Dieser Raum ist voller Güte, Geborgenheit und Heilung. Es ist deine Herzenskammer, in die du mit dem nächsten Schritt eintrittst. Nimm die Energie ganz in dich auf, und lasse

dich stärken. Jetzt siehst du, dass von deiner Herzenskammer eine Tür abgeht. Auf dieser Tür steht »Heilsame urweibliche Führungskraft«. Du öffnest die Tür und erblickst einen Raum, der von magentafarbenem Licht erfüllt ist. Dieses Licht symbolisiert die weibliche Führungskraft in ihrer reinen und kraftvollen Form. Inmitten des Raumes erwartet dich ein wunderschöner Sessel. Tritt nun hinein in deinen Raum der weiblichen Führungskraft, und setze dich in den Sessel, der auf dich wartet. Atme noch einmal tief in dein Herz hinein, und lasse dich von dem magentafarbenen Licht deines Raumes erfüllen.

An der Wand gegenüber des Sessels siehst du eine Tür. Sie öffnet sich, und ein weibliches Wesen betritt deinen Raum. Es ist voller Kraft, erfüllt von innerem Frieden und strahlt eine liebevolle Stärke aus. Das Wesen ist die manifestierte weibliche Führungskraft. Es kommt auf dich zu und bleibt in einem achtsamen Abstand stehen. Du kannst es jetzt fragen, was du noch brauchst, um in deine Kraft zu kommen. Hast du vielleicht eine ganz persönliche Frage? Dann stelle sie dem Wesen. Möglicherweise bekommst du die Antwort in Worten, als Gefühl oder in Form eines Bildes. Verbinde dich mit dieser wundervollen, gütigen Energie, sie hat sich für dich manifestiert. Diese Kraft ist in dir, verbinde dich auf deine ganz eigene Art und Weise mit ihr. Wenn du das Gefühl hast, dass du für heute genug Verbindung und Kraft geschöpft hast, bedanke dich bei diesem Wesen, und verlasse den Raum. Gehe durch deine Herzenskammer zurück zur perlmuttfarbenen Wendeltreppe. Gehe nun die zehn Stufen in deinem Tempo hinauf in dem Bewusstsein, dass jede Stufe dich zurück in dein Wachbewusstsein bringt. Atme tief ein und aus, öffne die Augen, komme zurück ins Hier und Jetzt, und genieße den Tag.

Danksagung

Ich möchte allen Frauen danken, die uns als Vorbild dienten, wie meine kraftvolle Mutter Ingeborg Petin. Danke, dass du uns vorgelebt hast, dass Frausein etwas Kraftvolles und Wunderbares sein kann. Meinen Schwestern Barbara und Heike danke ich für unsere tiefe und wahrhafte Schwesternschaft, die die Urkraft des Weiblichen in sich trägt. Ich danke meiner bezaubernden Freundin Hella Suderow, dass sie mich gelehrt hat, dass der weibliche Körper heilig ist. Lucy Nißle, Birgit Hinze und Lisa Köster danke ich für ihre Hingabe, mich in Geborgenheit einzuhüllen, und für ihre unterstützende Freundschaft. So vielen Frauen in meinem Umfeld möchte ich danken, dass sie die urweibliche Kraft in diese Welt tragen, wie Regina, Danuta, Sabine, Barbara, Silke, Brigitte und so viele mehr. All meinen Seminarteilnehmern und Seminarteilnehmerinnen danke ich für ihr Vertrauen, mit mir gemeinsam einen heilsamen, transformatorischen Weg zu gehen, auf dem die urweibliche Kraft uns leitet, unser Leben zu einem Ort des Herzens, des Glücks und der innere Freiheit werden zu lassen. Auch dir, mein geliebter Phil, der du schon im Licht bist, möchte ich danken. Du hast diese Kraft in mir immer schon gesehen, geehrt und dich ihr hingegeben. Durch dich habe ich erfahren, dass die urweibliche Kraft die Welt segnet und zu einem besseren Ort macht. Meiner Lektorin Elke Truckses danke ich, dass durch sie meine Texte zu einem Buch werden konnten. Und nicht zuletzt danke ich meinen Verlegern Heidi und Markus Schirner für ihr großes Herz, ihre Unterstützung und ihre Professionalität. Ohne euch würde es so viele wunderbare, kraftvolle Werke nicht geben, die die Welt segnen.

Über die Autorin

© Jan Rickers für happinez

Elke Kirchner ist Schamanin der Neuen Zeit und hellsichtig. Sie ist Engelmedium und steht mit feinstofflichen Ebenen in Kontakt. Seit 24 Jahren leitet sie Engel-, Frauen- und Schamanenseminare und ist Mitbegründerin des Seminar-Zentrums »Soul Power Events«. Elke Kirchner bietet Veranstaltungen im In- und Ausland an und leitet spirituelle Reisen zu den Kraftorten Südindiens, Englands und Dänemarks.

www.soul-power-events.com

Die Liebe der Großen Göttin empfangen

Elke Kirchner • Regina Rauh
Kreise der Großen Göttin
Heilreisen zur Ganzheit der Weiblichkeit
Kartenset, 44 Karten mit Begleitbuch

ISBN: 978-3-8434-9120-4

Die Heilerin, die Künstlerin oder doch eher die Mutige – welches weibliche Potenzial schlummert in mir und möchte heute gesehen werden?
Antwort schenken uns die 44 Karten der medialen Heilerin Elke Kirchner und der spirituellen Künstlerin Regina Rauh. Mit jeder Karte tauchen wir ein in eine magisch-tiefe Welt, die uns einen Aspekt der Großen Göttin offenbart und uns die heilsamen Energien des Mandalas zufließen lässt, damit wir unsere urweibliche Schöpferkraft entfalten.

Bildnachweis

Bilder von der Bilddatenbank www.shutterstock.com
Schmuckelemente: Ornament & Schmuckstrich: #287897960 (© mrs_kato), Verzierung Seitenzahl: #58992730 (© Jungle-OutThere), Hintergrund Ritual: #1478657321 (© Paladin12)
Weitere Bilder: S. 9 #90374245 (©Tom Wang), S. 14 #1596031876 (© Microgen), S. 18 #1723327936 (© sun ok), S. 33 #791675824 (© Love Solutions), S. 48 #327604826 (© Chinnapong), S. 59 #1807471375 (© muratart), S. 68 #1151663885 (© Zolotarevs), S. 84 #322530497 (© Krunja), S. 91 #1942141390 (© Mehmet Gokhan Bayhan), S. 98 #482097463 (© Smileus), S. 122 #446602621 (© Navistock), S. 131 #668243521 (© Maximillian cabinet), S. 156 #1719085375 (© Zolotarevs), S. 174 #1668623422 (© Tonktiti), S. 188 #722305009 (© Zolotarevs)

Mandala auf dem Umschlag und auf S. 1: © Regina Rauh, www.regina-rauh.de